佛教十三经

圆觉经

赖永海 主编

徐 敏 译注

中华书局

图书在版编目(CIP)数据

圆觉经/徐敏译注. —北京:中华书局,2010.5(2025.2重印)
(佛教十三经/赖永海主编)
ISBN 978-7-101-07375-1

Ⅰ.圆… Ⅱ.徐… Ⅲ.①大乘-佛经②圆觉经-译文③圆觉
经-注释 Ⅳ.B942.1

中国版本图书馆 CIP 数据核字(2010)第 061553 号

书　　名	圆觉经
译 注 者	徐　敏
丛 书 名	佛教十三经
丛书主编	赖永海
责任编辑	刘胜利
装帧设计	毛　淳
责任印制	管　斌
出版发行	中华书局
	(北京市丰台区太平桥西里 38 号　100073)
	http://www.zhbc.com.cn
	E-mail:zhbc@zhbc.com.cn
印　　刷	三河市鑫金马印装有限公司
版　　次	2010 年 5 月第 1 版
	2025 年 2 月第 25 次印刷
规　　格	开本/880×1230 毫米　1/32
	印张 4⅜　字数 60 千字
印　　数	136001-144000 册
国际书号	ISBN 978-7-101-07375-1
定　　价	12.00 元

总　序

　　佛教有三藏十二部经、八万四千法门，典籍浩瀚，博大精深，即便是专业研究者，用其一生的精力，恐也难阅尽所有经典。加之，佛典有经律论、大小乘之分，每部佛经又有节译、别译等多种版本，因此，大藏经中所收录的典籍，也不是每一部佛典、每一种译本都非读不可。因此之故，古人有"阅藏知津"一说，意谓阅读佛典，如同过河、走路，要先知道津梁渡口或方向路标，才能顺利抵达彼岸或避免走弯路；否则只好望河兴叹或事倍功半。《佛教十三经》编译的初衷类此。面对浩如烟海的佛教典籍，究竟哪些经典应该先读，哪些论著可后读？哪部佛典是必读，哪种译本可选读？哪些经论最能体现佛教的基本精神，哪些撰述是随机方便说？凡此等等，均不同程度影响着人们读经的效率与效果。为此，我们精心选择了对中国佛教影响最大、最能体现中国佛教基本精神的十三部佛经，认为举凡欲学佛或研究佛教者，均可从"十三经"入手，之后再循序渐进，对整个中国佛教作进一步深入的了解与研究。

　　"佛教十三经"的说法，由来有自。杨仁山、梅吉庆以及中国佛学院都曾选有"佛教十三经"，所选经典大同小异。上述三家都选录的经典有:《金刚经》、《维摩诘经》、《法华经》、《楞伽经》、《楞严经》;被两家选录的经典有:《心经》、《胜鬘经》、《观经》、《无量寿经》、《圆觉经》、《金光明经》、《梵网经》、《坛经》。此外,《四十二章经》、《佛遗教经》、《解深密经》、《八大人觉经》、《大乘密严经》、《地藏菩萨本愿经》、《菩萨十住行道品经》、《大毗卢遮那成佛神变加持经》为一家所选录。本着以上所说的"对中国佛教影响最大、最能体现中国佛教基本精神"的原则,这次我们选择了以下十三部经典:《心经》、《金刚经》、《无量寿经》、《圆觉经》、《梵网经》、《坛经》、《楞严经》、《解深密经》、《维摩诘经》、《楞伽经》、《金光明经》、《法华经》、《四十二章经》。

佛教发展至今已有两千多年的历史,就其历史发展、思想内容说,有大乘、小乘之分。《佛教十三经》所收录之经典,除了《四十二章经》外,多为大乘经典。此中之缘由,盖因佛法之东渐,虽是大小二乘兼传,但是,小乘佛教在传入中国之后,始终成不了气候,且自魏晋以降,更是日趋式微;直到十三世纪以后,才有南传上座部佛教在云南一带的流传,且范围十分有限。与此相反,大乘佛教自传入中土后,先依傍魏晋玄学,后融汇儒家的人性、心性学说而蔚为大宗,成为与儒道二教鼎足而三、对中国社会各个方面产生着巨大影响的一股重要的社会思潮。既然中国佛教的主体在大乘,《佛教十三经》所收录的佛经自然以大乘经典为主。

对于大乘佛教,通常人们又因其思想内容的差异把它分为空、有二宗。空宗的代表性经典是"般若经"。中国所见之般若类经典，以玄奘所译之《大般若经》为最，有六百卷之多。此外还有各类小本"般若经"的编译与流传，其中以《金刚经》与《心经》最具代表性与影响力。

"般若经"的核心思想是"空"。但佛教所说的"空"，非一无所有之"空"，而是以"缘起"说"空"，亦即认为，世间的万事万物，都是条件（"缘"即"条件"）的产物，都会随着条件的变化而变化。条件具备了，它就产生了（"缘起"）；条件不复存在了，它就消亡了（"缘灭"）。世间的一切事物，都不是一成不变的，而是一个念念不住的过程，因此都是没有自性的，无自性故"空"。《金刚经》和《心经》作为般若经的浓缩本，"缘起性空"同样是其核心思想，但二者又进一步从"对外扫相"和"对内破执"两个角度去讲"空"。《金刚经》的"对外扫相"思想集中体现在"一切有为法，如梦幻泡影，如露亦如电，应作如是观"这个偈句上，对内破执则有"应无所住而生其心"这一点睛之笔。《心经》则是以"色不异空，空不异色；色即是空，空即是色；受想行识亦复如是"来对外破五蕴身，以"心无罣碍"来破心执。两部经典都从扫外相、破心著的角度去说"空"。

有宗在否定外境外法的客观性方面与空宗没有分歧，差别仅在于，有宗虽然主张"外境非有"，但又认为"内识非无"，倡"三界唯心"、"万法唯识"，认为一切外境、外法都是"内识"的变现。在印度佛教中，有宗一直比较盛行，但在中国佛教史上，唯有玄奘、窥基创立的"法相唯识宗"全力弘扬"有宗"的思想，并把《解深密经》等"六经十一论"作为立宗的根据，《佛教十三经》选录了对"唯识宗"影响较大的《解深密经》进行注译。

《解深密经》的核心思想在论证一切外境外法与识的关系，认为一切诸法乃识之变现，阿赖耶识是生死轮回的主体，是万物生起的种子。经中还提出了著名的"三性"、"三无性"问题，并深入地论述了一切虚妄分别相与真如实性的关系。

与印度佛教不尽相同，中国佛教的主流或主体不在纯粹的"空宗"或"有宗"，而在大乘佛教基本精神与中国传统文化（特别是儒家心性学说）汇集交融而成的"真常唯心"思想，这种"真常唯心"思想也可称之为"妙有"的思想。首先创立并弘扬这种"妙有"思想的是智者大师创建的天台宗。

天台宗把《法华经》作为立宗的经典依据，故又称"法华宗"。《法华经》的核心思想，是"开权显实，会三归一"，倡声闻乘、缘觉乘、菩萨乘同归一佛乘，主张一切众生悉有佛性。《法华经》是南北朝之后，中国佛教走向以大乘佛教为主流的重要经典依据，也是中国佛教佛性理论确立以一切众生悉有佛性、都能成佛为主流的重要经典依据。而《法华经》的"诸法实相"也成为中国佛教"妙有"思想的重要思想资源和理论依据。

中国佛教注重"妙有"之思想特色的真正确立，当在禅宗。慧能南宗把天台宗肇端的"唯心"倾向推到极致，作为标志，则是《坛经》的问世。《坛经》是中国僧人撰写的著述中唯一被冠以"经"的一部佛教典籍，其核心思想是"即心即佛"、"顿悟成佛"。《坛经》在把佛性归诸心性、把人变成佛的同时，倡导"即世间求解脱"，主张把入世与出世统一起来，而这种思想的经典根据，则是《维摩诘经》。

《维摩诘经》可以说是对中国佛教影响最大的一部佛经，

不论是作为中国佛教代表的禅宗，还是成为现、当代佛教主流的人间佛教，《维摩诘经》中的"心净则佛土净"及"亦入世亦出世"、"在入世中出世"的思想，都是其最为重要的思想资源和经典依据。尤其值得一提的是，贯穿于整部《维摩诘经》的一根主线——"不二法门"，更是整个中国佛教的方法论依据。

《楞伽经》也是一部对禅宗、唯识乃至整个中国佛教有着重大影响的佛经。《楞伽经》思想有两个重要特点，一是融汇了空、有二宗，既注重"二无我"，又讲"八识"、"三自性"；二是把"如来藏"和"阿赖耶识"巧妙地统合起来。因此之故，《楞伽经》既是"法相唯识宗"借以立宗的"六经"之一，又被菩提达摩作为"印心"的依据，并形成一代楞伽师和在禅宗发展史颇具影响的"楞伽禅"。

《楞严经》则是一部对中国佛教之禅、净、律、密、教都有着广泛而深刻影响的大乘经典。该经虽有真、伪之争，但内容十分宏富，思想体系严密，几乎把大乘佛教所有重要理论都囊括其中，故自问世后，就广泛流行。该经以理、行、果为框架，谓一切众生都有"菩提妙明元心"，但因不明自心清净，故流转生死，如能修禅证道，即可成就无上正等正觉。这一思想对中国佛教的各宗各派都产生了极其深刻的影响。

《圆觉经》是一部非常能够体现中国佛教注重"妙有"思想特色的佛经。该经主张一切众生都具足圆觉妙心，本当成佛，无奈为妄念、情欲等所覆盖，才于六道中生死轮回；如能顿悟自心本来清净，此心即佛，无须向外四处寻求。该经所明为大乘圆顿之理，故对华严宗、天台宗、禅宗都有十分重要的影响。

　　《金光明经》对中国佛教的影响，主要体现在其"三身"、"十地"思想、大乘菩萨行之舍己利他、慈悲济世思想、金光明忏法及忏悔思想、以及天王护国思想。由于经中所说的诵持本经能够带来不可思议的护国利民功德，故长期以来被视为护国之经，在所有大乘佛教流行的地区都受到了广泛重视。

　　《无量寿经》是根据"十方净土"的思想建立起来的净土类经典，也是净土宗所依据的"三经"之一。经中主要叙述过去世法藏菩萨历劫修行成无量寿佛的经过，及西方极乐世界的种种殊胜。净土信仰自宋之后就成为与禅并驾齐驱的两大佛教思潮之一，到近现代更出现"家家阿弥陀，户户观世音"景象，故《无量寿经》在中国佛教史上的影响至为广泛和深远。

　　《梵网经》在佛教"三藏"中属"律藏"，是大乘戒律之一，在中国佛教大乘戒律中，《梵网经》的影响最大。经中主要讲述修菩萨的阶位（发趣十心、长养十心、金刚十心和体性十地）和菩萨戒律（十重戒和四十八轻戒），是修习大乘菩萨行所依持的主要戒律。另外，经中把"孝"与"戒"相融通、"孝名为戒"的思想颇富中国特色。

　　所以把《四十二章经》也收入《佛教十三经》，主要因为该经是我国最早译出的佛教经典，而且是一部含有较多早期佛教思想的佛经。经中主要阐明人生无常等佛教基本教义和讲述修习佛道应远离诸欲、弃恶修善及注重心证等重要义理，且文字平易简明，可视为修习佛教之入门书。

　　近几十年来，中国佛教作为中国传统文化的重要组成部分，以其特殊的文化、社会价值逐渐为人们所认识，研究佛教者也日渐增多。而要了解和研究佛教，首先得研读佛典。然而，佛教名相繁复，义理艰深，文字又晦涩难懂，即便有相当文史基础和哲学素养者，读来也颇感费力。为了便于佛学爱好者、研究者的阅读和把握经中之思想义理，我们对所选录的十三部佛典进行了如下的诠释、注译工作：一是在每部佛经之首均置一"前言"，简要介绍该经之版本源流、内容结构、核心思想及其历史价值；二是在每一品目之前，都撰写了一个"题解"，对该品目之内容大要和主题思想进行简明扼要的提炼和揭示；三是采取义译与意译相结合的原则，对所选译的经文进行现代汉语的译述。这样做的目的，是希望它对原典的阅读和义理的把握能有所助益。当然，这种做法按佛门的说法，多少带有"方便设施"的性质，但愿它能成为"渡海之舟筏"，而不至于沦为"忘月之手指"。

赖永海

庚寅年春于南京大学

前　言

《圆觉经》为佛教大乘经典，其思想义理属佛教如来藏体系，教法以顿教为主，并统摄渐修法门。《圆觉经》宣讲佛陀脱离无明烦恼的圆觉理论，注重成就圆觉的具体行法，是华严宗、禅宗等宗派盛行讲习的经典，对中国佛教产生了广泛的影响。

一　《圆觉经》书名

《圆觉经》，全称为《大方广圆觉修多罗了义经》，此经名具有丰富的内涵。大方广，又名"大方等"，"方"是义理方正的意思，"广"是广大的意思；"大方广"是各种大乘经的通名，意为佛说方正广大真理的经文，也指十二部经（经教的十二种分类，即长行、重颂、孤起、譬喻、因缘、自说、本生、本事、未曾有、方广、论议、授记）中的"方广部"。"圆"即圆满，"觉"即菩提；"圆觉"就是圆满菩提，即指佛果，是对世间一切事理无不彻底了知其事实真相。圆觉为人人本具的真心，也是万法的平等真如性。修多罗，为梵语，译为"经"、"线"，意为贯穿法义，使不散失，所以又译为"契经"，含有契理、契机的意思，即上契诸佛妙理,下契众生根机。了义,是说理非常透彻、究竟的意思。

二 《圆觉经》作者

《圆觉经》为唐时佛陀多罗所译。佛陀多罗,又称"觉救",意为"觉悟救世",生卒年无考,生平事迹不详,北天竺罽宾(今克什米尔一带)人。《宋高僧传》称其"赍多罗夹,誓化脂那",即携带梵文佛经,誓愿化度中国。多罗是一种植物,因古印度将佛经写在多罗树叶上,所以称"多罗夹"。佛陀多罗在洛阳白马寺译出《大方广圆觉了义经》,但不知具体是于何年翻译出来。而《佛祖统记》则称:唐高宗永徽六年(655),罽宾国佛陀多罗,于白马寺译《圆觉经》。自古以来,就不断有人怀疑此经为伪经。太虚大师通过对各种相关记述梳理后认为,此经为最早贞观(627—649)、最迟开元之八九十年间(720—722)所译。

三 《圆觉经》的内容与结构

《圆觉经》主要是佛为文殊、普贤等十二位菩萨讲述如来圆觉的妙理和观行方法,即依圆照清净觉相,永断无明的理论,以及修止、修观、修禅的方法。在该经中,佛以"圆觉"为总持法门,圆觉即为妙觉真心,是人人本具的佛性。圆觉妙心本来清净虚空,超脱了生灭轮回,但因为无明的缘故,迷执虚妄幻有,无法认知真如自性,所以不得清净,生起诸烦恼。佛在此经中教导菩萨及众生,修习圆觉法门,远离各种缘生幻有,修习止、观和禅定。

《圆觉经》一卷,不分章节。按照佛经可分为"三分"的方法,该经也可分为序分、正宗分、流通分。序分叙述佛说法的处所,当时佛入于"神通大光明藏"的自性境界,以文殊、普贤等十二位菩萨为上首的十万大菩萨众也都安住于此法会,表明了当时佛陀说法时证入的境界和与会法众。正宗分有十二部分组成,分别是文殊、普贤等十二位菩萨所请问的问题以及佛陀的说法。每部分基本都有诸位菩萨的请问、佛陀的教法以及最后重宣教义的总结偈言。在最后请问的贤善首菩萨一部分内容的末尾是流通分,叙述金刚、天王、鬼王等誓愿护佑持经人。

四　《圆觉经》的版本与注疏

《圆觉经》的版本比较统一,多为唐代宗密流传版本,但此版本体例不完整。佛在回答最后发问的贤善首菩萨的问题时没说偈言,与前文体例不一致。日本学者松本文识发现了一宋本《圆觉经》下卷,找到了经中脱落文字,内容为"尔时世尊,欲重宣此义,而说偈言:贤善首当知,是经诸佛说。如来等护持,十二部眼目。名为大方广,圆觉陀罗尼,显如来境界。依此修行者,增进至佛地。如海纳百川,饮者皆充满。假使施七宝,积满三千界,不如闻此经。若化河沙众,皆得阿罗汉,不如闻半偈。汝等于来世,护是宣持者,无令生退屈。"至此,从体例上来看,经文已近完备。

《圆觉经》的注疏较多,在宗密之前,此经的注疏已有四家,即唐京报国寺惟慤《疏》一卷、先天寺悟实《疏》二卷、荐福寺坚志《疏》四卷、北都藏海寺道诠《疏》三卷。自宗密《圆觉经大疏》、《圆觉经大疏钞科》、《圆觉经略钞》等出后,以上各疏即均佚失无传。另外，其他注疏作品有：宋观复撰《圆觉经钞辨疑误》二卷，宋清远的《圆觉疏钞随文要解》十二卷，宋孝宗的《御注圆觉经》二卷，宋行霆的《圆觉经类解》八卷，宋如山的《圆觉经略疏序注》一卷，宋智聪的《圆觉经心镜》六卷，宋元粹的《圆觉经集注》二卷。宋周琪的《圆觉经夹颂集解讲义》十二卷，明德清的《圆觉经直解》二卷，明通润的《圆觉经近释》六卷，明寂正的《圆觉经要解》二卷，弘丽的《圆觉经句释正白》六卷，净挺的《圆觉经连珠》一卷，明焦竑纂《圆觉经精解评林》卷上，清弘丽的《圆觉经句释正白》六卷，清通理的《圆觉经析义疏》四卷。近有太虚大师的《圆觉经略释》等。

本书以通行的《圆觉经》为底本，同时参考太虚大师的《圆觉经略释》），以保证译注得准确完备。各章节都分为原文、注释和译文等部分，各部分交相呼应。章节前置有题解，便于读者了解该章节全文大意。限于个人学识，其中难免有谬误之处，还望读者批评指正。

目　录

序 分

　　此为本经的"序分"部分，表明当时佛说法时证入的境界，以及参与法会的大众，并强调经中所载法门确实为佛陀所说，内容真实可信。

　　如是我闻①。一时，婆伽婆②，入于神通大光明藏③，三昧正受④，一切如来光严住持⑤，是诸众生清净觉地⑥。身心寂灭⑦，平等本际⑧，圆满十方⑨，不二随顺⑩，于不二境，现诸净土⑪。

注释：

①如是我闻：即我闻如是，意为我听到佛这样说。如是，指这部经文。我，阿难自称。闻，从佛陀处亲闻。此语出于佛涅槃前。当时，以"多闻第一"著称的阿难问佛："一切经首置何字？"佛回答："一切经首置'如是我闻'等言。"

②婆伽婆：梵语音译。也称"婆伽梵"、"薄伽梵"，意译为"世尊"，为佛的尊号。有自在、炽盛、端严、名称、吉祥、尊贵六种含义。

③神通大光明藏：即指佛说法的处所，不是指具体的外在场所，而是指自性境界。神，则莫测。通，则无碍。大光明，即智慧。藏，即一切法所依之平等真如法性体。

④三昧：梵语。又译"三摩地"，意译为"定"或"正定"。即摒除杂念，心不散乱，专注于一境。正受：是与"三昧"相应的禅定。

⑤光严：光明庄严。住持：久住护持佛法。

⑥清净觉地：正觉的境界。因正觉之体离染污，故称"清净"。

⑦寂灭：即指涅槃，是没有烦恼和生死的境界。

⑧本际：根本究竟的边际，即绝对平等的理体。此指涅槃而言。

⑨圆满：周遍充足，无所缺减。

⑩不二：又作"无二"、"离两边"，指对一切现象应无分别，或超越各种区别。随顺：随从他人之意而不拂逆。

⑪净土：指佛所居的处所，全称"清净土"、"清净国土"、"清净佛刹"，又作"净刹"、"净世界"、"佛国"。与此相对，世俗众生居住之所，有烦恼污秽，故称"秽土"、"秽国"。

译文：

我听佛这样说的。那时，佛得入神通大光明藏，心念大定，一切佛都久住此光明庄严境界，这也是所有众生能够真正清净觉悟的本性境界。身心无生无灭，寂静无为，涅槃平等，遍足十方，超越了分别，随顺迎合了涅槃正道。在这个境界中，可以显现出佛国净土。

与大菩萨摩诃萨十万人俱①。其名曰文殊师利菩

萨②，普贤菩萨③，普眼菩萨④，金刚藏菩萨⑤，弥勒菩
萨⑥，清净慧菩萨⑦，威德自在菩萨⑧，辩音菩萨⑨，净诸
业障菩萨⑩，普觉菩萨⑪，圆觉菩萨⑫，贤善首菩萨等而
为上首⑬，与诸眷属皆入三昧⑭，同住如来平等法会⑮。

注释：

①大菩萨摩诃（hē）萨：大菩萨即摩诃萨，摩诃萨为梵语音
译，又称"大有情"、"大众生"，此大众生的愿大、行大、度众生
大，在世间诸众生中为最上。

②文殊师利菩萨：文殊，是"妙"的意思；师利，是"德"或
"吉祥"的意思。文殊师利即妙吉祥的意思。该菩萨以大智著
称，与普贤菩萨常侍于释迦如来左右。

③普贤菩萨：是具足无量行愿、普现于一切佛刹的大乘
圣者。

④普眼菩萨：因其能普观一切众生故称。

⑤金刚藏菩萨：此菩萨能以智慧破除愚暗，表现为忿怒的形
象，或持金刚杵以伏恶魔，也称"金刚藏王"。

⑥弥勒菩萨：弥勒为梵语音译，意译为"慈氏"。依《弥勒
上生经》、《弥勒下生经》所载，弥勒出生于婆罗门家庭，后成为
佛的弟子，先佛入灭，以菩萨身为天人说法，住于兜率天。据传
此菩萨因发心不食肉，故名为"慈氏"。

⑦清净慧菩萨：此菩萨得自在，同佛境界，从法而生，故称
"法生"，即从自性清净之法而生。

⑧威德自在菩萨：可畏为威，可爱为德，进退无碍、心离烦

3

恼的系缚为自在。

⑨辩音菩萨：能以声音做佛事而利益众生。

⑩净诸业障菩萨：能为众生除去各自所作种种恶业。

⑪普觉菩萨：能够普遍地觉悟众生。

⑫圆觉菩萨：显示圆满的灵觉，对世间一切事理，无不彻底了知其事实真相。

⑬贤善首菩萨：贤而行善者，又同前十一位菩萨共居十万大菩萨眷属之首，故名"贤善首菩萨"。上首：大众中之主位，称为"上首"。或举其中一人为上首，或举多人为上首。

⑭眷属：指亲近、顺从者。眷为亲爱，属为隶属。

⑮法会：讲说佛法及供佛施僧等所举行的集会。

译文：

佛陀当时与十万大菩萨在一起。名为文殊师利菩萨、普贤菩萨、普眼菩萨、金刚藏菩萨、弥勒菩萨、清净慧菩萨、威德自在菩萨、辩音菩萨、净诸业障菩萨、普觉菩萨、圆觉菩萨、贤善首菩萨的十二大士坐在上席，并率各自眷属一起入于心定安住的境界，他们和佛一样安住在此净土法会。

一 文殊师利菩萨

本章节为文殊师利菩萨所请教的问题,以及佛陀的回答。主要在于说明佛所观照的圆觉清净境界,此境界为修行的根本,认识此境界则能了知万法的虚空本性,免于产生邪见,堕入生死轮转。菩萨及众生发清净心,证入此境界,能够断除无明,获得正觉。

于是文殊师利菩萨在大众中,即从座起,顶礼佛足①,右绕三匝②,长跪叉手而白佛言③:"大悲世尊④,愿为此会诸来法众⑤,说于如来本起清净因地法行⑥,及说菩萨于大乘中发清净心⑦,远离诸病,能使未来末世众生求大乘者⑧,不堕邪见。"

作是语已,五体投地,如是三请,终而复始。

注释:

①顶礼:印度最上之敬礼。即两膝、两肘及头着地,以头顶敬礼,承接所礼者双足。其义与"五体投地"同。

②右绕:即以右向中央之尊像旋绕以表尊敬之意,尊像在行者之右手边,是表示礼敬的行道方式。

③叉手:印度致敬方式的一种,也称"合十"、"合掌"。

④世尊:佛的尊号,即为世间所尊重者之意,也指世界中最

尊者。

⑤法众：即归顺于佛法之众，为出家众的总称。

⑥因地：为"果地"的对称。地，即位地、阶位之意。指修行佛道之阶位，也即指由因行至证果间的阶位。

⑦清净心：无疑的信心，没有污染和烦恼的净心。

⑧末世：释迦牟尼入灭后五百年为正法时，次一千年为像法时，后万年为末法时。末世，即末法时。大乘：指能将众生从烦恼的此岸载至觉悟的彼岸的教法而言，以救世利他为宗旨，最高的果位是佛果。乘是运载之义。大乘、小乘是释迦牟尼入灭后一段时期，大乘佛教兴起后，由于大、小乘对立而起的名词。一般而言，"小乘"是大乘佛教徒对原始佛教与部派佛教的贬称。

译文：

于是文殊师利菩萨在大众中离座而起，以顶礼礼敬佛足，然后起立右转，绕佛三圈，又长跪在佛前双手合掌，对佛禀告道："大悲世尊，希望您能为来参加本此法会的诸位弟子宣说如来清净因地法的修持，以及菩萨在大乘修行中怎样发清净心，远离诸种恶业，以使未来末世的众生在追求大乘教法的过程中，不至于堕于不正确的见解。"

文殊师利菩萨说完后，再次五体投地向佛祖致礼，循环往复，这样连续请求三次。

尔时，世尊告文殊师利菩萨言："善哉！善哉！善男子^①，汝等乃能为诸菩萨咨询如来因地法行，及为末世一切众生求大乘者，得正住持，不堕邪见。汝今谛听^②，当为汝说。"

时，文殊师利菩萨奉教欢喜，及诸大众默然而听。

注释：

①善男子：佛称呼信佛的男子为善男子。善，是对信佛、闻法、行善业者的美称。

②谛听：仔细地听。

译文：

那时，佛开口对文殊师利菩萨说："善哉！善哉！善男子，你能为诸位菩萨咨询如来因地修行法，为末世的一切众生乞求大乘教法，使他们能得到正确的认识，并在世间保持正确的道法，而不至于堕入不正确的邪见之中。现在你就仔细地听，我为你演说这一根本大法。"

当时，文殊师利菩萨以能接受佛的教导而心生欢喜，和其他参加法会的大众安静地听佛说法。

"善男子，无上法王有大陀罗尼门^①，名为圆觉。流出一切清净真如^②，菩提涅槃及波罗蜜^③，教授菩萨。一切如来本起因地，皆依圆照清净觉相^④，永断无明^⑤，方成佛道^⑥。

注释:

①无上法王:如来的尊号。无上,即至高无上,无有过于此者。法王,即众法之王。陀罗尼:梵语音译。意为总持,总是总摄一切法,持是能持无量义,也就是能掌握一切法的总纲领的意思。

②清净真如:如来所说涅槃清净寂灭之理,本无染污,所以称为"清净真如"。清净,是不垢不染之义。真如,事物的真实相状。真是真实之义;如是如常,不变不改之义。

③菩提:梵语音译。意译为"觉",是指能觉知法性的智慧,也就是能断尽烦恼的大智慧,是对佛教真理的觉悟。涅槃:梵语"涅槃那"的音译。意译为"灭"、"灭度"、"寂灭"、"不生"、"无为"、"安乐"、"解脱"等。波罗蜜:梵语音译。又称"波罗蜜多",意译为"到彼岸",即由生死苦恼的此岸,度到涅槃安乐的彼岸。

④清净觉相:正觉的真相,正觉的理体离诸染污,故称。相,表现于外而又能想象于心的各种事物的相状。

⑤无明:不明白道理,即愚痴的别名。

⑥佛道:佛的觉悟,佛所证悟的道法,即无上菩提。

译文:

"善男子,成了佛的无上法王有个总持的法门叫作圆觉,即圆满的觉性,人人本具的真心。它能流出一切清净佛性以及成佛的觉悟,它还能流出涅槃寂灭的智慧和由生死此岸到涅槃彼岸的波罗蜜,并依此来教诲授受菩萨。一切如来发心修行的起点,无不依靠圆满遍照的清净觉悟相,这样才能永远断除无明,从而成就佛果。

"云何无明?善男子,一切众生从无始来^①,种种颠倒^②,犹如迷人,四方易处;妄认四大为自身相^③,六尘缘影为自心相^④。譬彼病目,见空中华及第二月^⑤。善男子,空实无华,病者妄执^⑥。由妄执故,非唯惑此虚空自性^⑦,亦复迷彼实华生处,由此妄有轮转生死^⑧,故名无明。善男子,此无明者,非实有体。如梦中人,梦时非无,及至于醒,了无所得。如众空华,灭于虚空,不可说言有定灭处。何以故?无生处故。一切众生于无生中,妄见生灭,是故说名轮转生死。

注释:

①无始:没有开始。诸法都由因缘生,因上有因,如此辗转推究,一切众生及诸法的原始,皆不可得。

②颠倒:指违背常道、正理。

③四大:即地、水、火、风,可称之为四种元素,即构成一切物质的元素。

④六尘:色尘、声尘、香尘、味尘、触尘、法尘。尘,染污之义,能染污人们清净的心灵,使真性不能显发。六尘,又名"六境",即六根所攀缘的外境。缘影:是心识攀缘外尘有所思虑而生起的外尘影像。

⑤空中华:病眼之人见空中有如花一样的东西浮动,喻指本无实体的境界,由于妄见而起错觉,以为实有。第二月:眼有疾

而误认为有两个月亮。

⑥妄执：虚妄的执着。执，即把而不离，执着而不舍。

⑦虚空：虚与空都是"无"的别名。虚无形质，空无障碍。自性：诸法各自有不变不改之性，称为"自性"。

⑧轮转：与"轮回"同义，即众生从无始以来，辗转生死于三界六道之中，如车轮一样的旋转，没有脱出之期。

译文：

"什么是无明呢？善男子，一切众生从无始以来，就有种种违背正理的颠倒认识，如同迷途的人一样，分不清东西南北；错误地认为地、水、火、风四种元素组合成了自己的身体，认为心识攀缘外部六尘有所思虑而生起的外尘影像为自心的相状。这如同有眼疾的人看到空中有花，有两个月亮。善男子，空中实际上并没有花，只是迷惑者虚妄的执着。因为虚妄执着的缘故，不但迷惑了本空无相的真如自性，还迷惑地以为有实在的花及其生处，正因为错误地认为有实有，也就有了生死轮回，这就是无明。善男子，这个无明没有实在体性。就如做梦的人一样，梦中的境界并非没有，等到梦醒的时候却空无一物。又如空中的花消失在虚空中，不能说有一定的消失之处。为什么呢？因为它本来就虚幻不实，没有生处。一切众生在原本没有生灭变化之中，迷惑见到生灭，如此就是妄见生死轮回。

"善男子，如来因地修圆觉者，知是空华，即无轮转，亦无身心受彼生死。非作故无，本性无故。彼知觉者^①，犹如虚空。知虚空者^②，即空华相。亦不可说无知觉性。有无俱遣，是则名为净觉随顺。

"何以故？虚空性故，常不动故，如来藏中无起灭故^③，无知见故^④。如法界性^⑤，究竟圆满遍十方故。是则名为因地法行。菩萨因此于大乘中，发清净心。末世众生依此修行，不堕邪见。"

注释：

①知觉者：即前面"知是空华"的觉。

②知虚空者：指了知觉相如空的心。

③如来藏：指于一切众生的烦恼身中，所隐藏的本来清净的如来法身。通常把它看作是佛性的异名。

④知见：知识和见解。就意识云"知"，就眼识曰"见"。

⑤法界性：单名"法界"，又称"法性"，合称"法界性"。即指诸法的本体、本性。在有情方面，叫做"佛性"；在无情方面，叫做"法性"。

译文：

"善男子，一切诸佛发愿开始修圆觉法门，知道一切都是虚空中的花，就知道没有所谓的轮转生死，也没有承受生死的身心。不是因为经过造作或修行而成为无，而是因为本性空无的原因。知道一切都是空花的觉是虚空的。了知觉相如空的心，也是空花般的相状。既然是心证知空花相，也就不可说没有知觉的心。对知觉心的有与无都放下不执着，就能随顺证入清净圆满觉悟。

"为什么呢？因为觉悟的清静心是虚空的，性体不动；如来藏中没有独立的法生灭，自然也就没有知见。此法界性究竟圆满，普遍十方。这些就被称为'因地法行'。菩萨因此在大乘法门中，发起清净心。末世众生依照此法修行，就不会堕于不正确的偏见里。"

尔时，世尊欲重宣此义而说偈言：
　　文殊汝当知，一切诸如来，
　　从于本因地，皆以智慧觉，了达于无明。
　　知彼如空华，即能免流转，
　　又如梦中人，醒时不可得。
　　觉者如虚空，平等不动转，
　　觉遍十方界，即得成佛道。
　　众幻灭无处，成道亦无得，本性圆满故。
　　菩萨于此中，能发菩提心。
　　末世诸众生，修此免邪见。

译文：
　　这时，世尊为了重新阐述这个道理，于是说偈语：
　　文殊汝当知，一切诸如来，
　　从于本因地，皆以智慧觉，了达于无明。
　　知彼如空华，即能免流转，

又如梦中人，醒时不可得。

觉者如虚空，平等不动转，

觉遍十方界，即得成佛道。

众幻灭无处，成道亦无得，本性圆满故。

菩萨于此中，能发菩提心。

末世诸众生，修此免邪见。

二　普贤菩萨

　　本章节为普贤菩萨所请教的问题，以及佛陀的回答。主要说明听闻圆觉清静境界后，证入此等境界的修行方法，即修习"如幻三昧"，也就是了知身心一切都是幻化的道理，进而远离诸种幻化现象。

　　于是普贤菩萨在大众中，即从座起，顶礼佛足，右绕三匝，长跪叉手而白佛言："大悲世尊，愿为此会诸菩萨众，及为末世一切众生修大乘者，闻此圆觉清净境界，云何修行①？世尊，若彼众生知如幻者，身心亦幻，云何以幻还修于幻？若诸幻性一切尽灭，则无有心，谁为修行？云何复说修行如幻？若诸众生本不修行，于生死中常居幻化，曾不了知如幻境界，令妄想心云何解脱？愿为末世一切众生，作何方便②，渐次修习③，令诸众生永离诸幻。"

　　作是语已，五体投地，如是三请，终而复始。

注释：

①修行：实行修正自己的思想行为。

②方便：指为了引导和教化众生而采用的手段、方法或

语言。

③修习：依如来所说之法，精修复习而成道果。

译文：

于是普贤菩萨在大众中离座而起，以顶礼礼敬佛足，然后起立右转，绕佛三圈又长跪在佛前双手合掌，对佛禀告道："大悲世尊，我希望来参加本此法会的菩萨众，以及在末世修习大乘的一切众生都听闻到这个圆觉清净境界，那又应该如何修行呢？世尊，假如众生知道一切都是幻而不实的，身心都是幻化的，为什么还要用幻化的身心来修幻化之行？如果一切幻法都灭尽了，也就没有心了，那么谁来修行？为什么还说修行如幻？如果众生本来不修行，而在生死幻化中，从来不知道这一切是幻化境界，那又怎样使妄想心得到解脱？希望佛为末世一切众生，教授一些方便法门，能够渐次修习，令诸众生永离诸幻。"

普贤菩萨说完后，再次五体投地向佛祖致礼，循环往复，这样连续请求三次。

尔时，世尊告普贤菩萨言："善哉！善哉！善男子，汝等乃能为诸菩萨及末世众生，修习菩萨如幻三昧①，方便渐次，令诸众生得离诸幻。汝今谛听，当为汝说。"

时，普贤菩萨奉教欢喜，及诸大众默然而听。

注释：

①如幻三昧：达于一切诸法如幻之理的正定。

译文：

那是，佛开口对普贤菩萨说："善哉！善哉！善男子，你能为诸位菩萨以及末世众生，向佛请求讲解修习菩萨如幻三昧的方法，通过方便法门，能够渐次修习，进而使众生远离诸幻。现在你就仔细地听，我为你解说。"

当时，普贤菩萨以能接受佛的教导而心生欢喜，和其他参加法会的大众安静地听佛说法。

"善男子，一切众生种种幻化，皆生如来圆觉妙心①，犹如空华，从空而有，幻华虽灭，空性不坏。众生幻心②，还依幻灭，诸幻尽灭，觉心不动。依幻说觉，亦名为幻。若说有觉，犹未离幻。说无觉者，亦复如是。是故幻灭，名为不动。

注释：

①妙心：不可思议的心体，即佛的真心。
②幻心：心识由缘而生，毕竟无实如幻。

译文：

"善男子，一切众生的种种幻化现象，都依如来圆觉真心而生出，就像空花，从空中生出，幻化境界虽然消失，但它的空性并没有改变。众生的幻心还必须依于幻化的身心来修行，才能得以消灭，当这些幻化的事物都灭除，觉心并没有动过。依幻来说觉，便不是真觉，所以也称为幻。如果说有'觉'，仍未离幻。如果说'无觉',也是同样没有离幻。所以说幻化现象尽灭,但真正的觉心不动。

"善男子,一切菩萨及末世众生,应当远离一切幻化虚妄境界。由坚执持远离心故,心如幻者,亦复远离。远离为幻,亦复远离。离远离幻,亦复远离。得无所离,即除诸幻。譬如钻火,两木相因,火出木尽,灰飞烟灭。以幻修幻,亦复如是。诸幻虽尽,不入断灭。善男子,知幻即离,不作方便。离幻即觉,亦无渐次。一切菩萨及末世众生,依此修行,如是乃能永离诸幻。"

译文:

"善男子,一切菩萨及末世众生,应当远离一切幻化的虚妄境界。因为存有了这种坚持远离幻境的心,而这种远离心也是幻,也应当远离。远离幻心的心,同样也是幻,也应当远离。远离'远离幻心'的心,仍是幻,也应当远离。最后没有什么可以远离的,也就除去了各种幻。譬如钻木取火,两根木头相互摩擦,产生的火把自己都烧尽了。以幻修幻也是这样。种种幻化虽已灭尽,但还不能进入彻底断灭。善男子,知道幻化即刻就要远离,不需用任何权宜方法。离开妄念幻想就是觉悟,没有渐进的圆觉。一切菩萨以及末世众生,依照这样修行,这样才能永远远离种种幻化。"

尔时,世尊欲重宣此义而说偈言:

普贤汝当知，一切诸众生，
无始幻无明，皆从诸如来，
圆觉心建立，犹如虚空华，
依空而有相，空华若复灭，
虚空本不动，幻从诸觉生，
幻灭觉圆满，觉心不动故。
若彼诸菩萨，及末世众生，
常应远离幻，诸幻悉皆离。
如木中生火，木尽火还灭。
觉则无渐次，方便亦如是。

译文：

这时，世尊为了重新阐述这个道理，于是说偈语：

普贤汝当知，一切诸众生，
无始幻无明，皆从诸如来，
圆觉心建立，犹如虚空华，
依空而有相，空华若复灭，
虚空本不动，幻从诸觉生，
幻灭觉圆满，觉心不动故。
若彼诸菩萨，及末世众生，
常应远离幻，诸幻悉皆离。
如木中生火，木尽火还灭。
觉则无渐次，方便亦如是。

三　普眼菩萨

本章节为普眼菩萨所请教的问题，以及佛陀的回答。意在表明修行阶次及方便说法。在闻知圆觉境界后，众生应当先心存正念，止息妄念，远离幻境和幻心，如此就能成就虚空平等的清静圆觉。

于是普眼菩萨在大众中，即从座起，顶礼佛足，右绕三匝，长跪叉手而白佛言："大悲世尊，愿为此会诸菩萨众，及为末世一切众生，演说菩萨修行渐次，云何思惟[①]？云何住持？众生未悟，作何方便普令开悟[②]？世尊，若彼众生无正方便及正思惟，闻佛如来说此三昧，心生迷闷，即于圆觉不能悟入。愿兴慈悲，为我等辈及末世众生，假说方便。"

作是语已，五体投地，如是三请，终而复始。

注释：
①思惟：思量所对之境而起分别。
②开悟：开智悟理，即开智慧、悟道理。

译文：
于是普眼菩萨在大众中离座而起，以顶礼礼敬佛足，然后起立右转，绕佛三圈，又长跪在佛前双手合掌，对佛禀告道："大悲世尊，希望您能为来参加本此法会的诸菩萨众，以及末世修习大乘的一切众生演说菩萨修行的逐步次序，什么是思惟？如何能够安住于世而保持佛法？众生没有开悟，应用什么方法使他们普遍开悟？世尊，如果众生没有正确的方法和正确的思维，即使听了佛所说的三昧正定法门，仍会心生迷惑，不能悟入圆满觉悟的境界。希望佛大发慈悲，为我们以及末世众生解说方便法门。"

普眼菩萨说完后，再次五体投地向佛祖致礼，循环往复，这样连续请求三次。

尔时，世尊告普眼菩萨言："善哉！善哉！善男子，汝等乃能为诸菩萨及末世众生，问于如来修行渐次，思惟住持，乃至假说种种方便。汝今谛听，当为汝说。"

时，普眼菩萨奉教欢喜，及诸大众默然而听。

译文：

那时，世尊对普眼菩萨说："善哉！善哉！善男子，你能为诸位菩萨以及末世众生，向我问及修行的次序，正确的思考，住世保持佛法，以及修行的简便方法。现在你就仔细地听，我为你解说。"

当时，普眼菩萨以能接受佛的教导而心生欢喜，和其他参加法会的大众安静地听佛说法。

"善男子，彼新学菩萨及末世众生，欲求如来净圆觉心①，应当正念②，远离诸幻。先依如来奢摩他行③，坚持禁戒④，安处徒众，宴坐静室⑤。恒作是念：我今此身，四大和合。所谓发毛爪齿，皮肉筋骨，髓脑垢色，皆归于地；唾涕脓血，津液涎沫，痰泪精气，大小便利，皆归于水；暖气归火，动转当风。四大各离，今者妄身，当在何处？即知此身，毕竟无体⑥，和合为相，实同幻化。四缘假合⑦，妄有六根⑧。六根四大，中外合成，妄有缘气，于中积聚，似有缘相⑨，假名为心⑩。

注释：

①净圆觉心：净妙的圆满觉悟心。

②正念：正确的念头，念念不忘佛法真理。

③奢摩他：梵语音译。意译为"止"、"寂静"。"禅定"的另一称谓。

④禁戒：禁非戒恶。

⑤宴坐：默然静坐，此指坐禅。

⑥无体：无实体。

⑦四缘：缘是指一切物事之间生起一种互相交涉的关系，这种关系共有四种，即因缘、等无间缘、所缘缘、增上缘。

⑧六根：指眼、耳、鼻、舌、身、意。根为能生长的意思。

⑨缘相：攀缘事物而又思虑的心的相状。

⑩假名：假立名字。

译文:

"善男子,那些刚开始学佛的菩萨和末世众生,要想求得如来清净圆满觉悟心,就应当坚持正确的念想,远离各种各样的幻象。先依照佛教授的修定的方法,坚持禁戒,要安置好徒众,安处静室。应常有这样的观念:我现在的身体是由地、水、火、风四种自然元素缘合而成。所谓头发、毛、爪、齿,皮、肉、筋、骨、髓、脑等,以及身体上的污垢,都属于地元素;我的唾液、鼻涕、脓、血、津液、涎末、痰、泪、精气,大小便等,都属于水元素;我的生命中含有的燥热之气,属于火元素;我的生命之所以能够延续是因为有呼吸的作用,它属于风元素。四大各有所归,此身究竟当在何处? 即知道身体终究是没有实体的,它只是地、水、火、风四大元素互相缘和而合成的相状,实际是一种幻化的相状。地、水、火、风四大元素互相缘和而合成的身体,又有了眼、耳、鼻、舌、身、意六根。眼、耳、鼻、舌、身、意六根和地、水、火、风四大元素,一个为内,一个为外,内外合成,组成了称之为'身'的东西。在这个过程中产生了各种习气,在其中积聚,好像有思虑的相状出现,于是就有了假名为'心'的这个东西。

"善男子,此虚妄心,若无六尘,则不能有。四大分解,无尘可得,于中缘尘①,各归散灭,毕竟无有缘心可见②。

注释:

①缘尘:攀缘色、声等六尘。

②缘心：攀缘事物的心。

译文：

"善男子，这个虚妄的心，如果没有色、声、香、味、触、法六尘，就不可能存在。如果地、水、火、风四大分离，就没有六尘存在，既是所缘之尘各归散灭，那么终究也不见有能攀缘事物的心了。

"善男子，彼之众生幻身灭故，幻心亦灭；幻心灭故，幻尘亦灭；幻尘灭故，幻灭亦灭；幻灭灭故，非幻不灭。譬如磨镜，垢尽明现。善男子，当知身心皆为幻垢，垢相永灭，十方清净。

译文：

"善男子，由于众生的幻身灭掉了，所以幻心也就灭掉了；幻心一旦灭掉了，幻尘也就灭掉了；因为幻尘灭掉了，所以幻灭也会灭掉了；幻灭被灭掉，那些不是幻的'非幻'，即空的自性却是不灭的。这好比磨镜，将镜子上的污垢全部磨去后，就会再现镜子明亮的本质。善男子，应当知道身心都是幻垢，只有把这些幻垢永远消灭了，才能显现十方清净。

"善男子，譬如清净摩尼宝珠①，映于五色②，随方各现。诸愚痴者，见彼摩尼，实有五色。

注释:

①摩尼宝珠:如意珠。摩尼,梵语音译。意为珠。

②五色:青、黄、赤、白、黑,又称"五正色"。

译文:

"善男子,比如清净摩尼宝珠,五种颜色映入宝珠,随着不同方向会映现出不同的颜色。但愚痴的人看到摩尼宝珠所映出的五种颜色,误以为摩尼宝珠上的颜色是实有的。

"善男子,圆觉净性现于身心,随类各应。彼愚痴者,说净圆觉,实有如是身心自相,亦复如是,由此不能远于幻化。是故我说身心幻垢,对离幻垢,说名菩萨。垢尽对除,即无对垢及说名者。

译文:

"善男子,圆满觉悟的清静本性,显现于身心,随着众生的种类应现出不同的身心影像。愚痴的人认为,清净圆觉心与身心自身的相状都是实有的,正是因为有了这种认识,才使他不能远离幻化。因此,我说身心都是幻垢,能够对治远离幻垢,才能称得上是菩萨。幻垢全部除去,即没有所谓的要对治幻垢这回事了,也就没有对离幻垢的人。

"善男子,此菩萨及末世众生,证得诸幻灭影像故,尔时便得无方清净,无边虚空,觉所显发。觉圆明故,显心清净。心清净故，见尘清净。见清净故，眼根清净。根清净故，眼识清净。识清净故，闻尘清净。闻清净故，耳根清净。根清净故，耳识清净。识清净故，觉尘清净。如是乃至鼻、舌、身、意，亦复如是。

译文：

"善男子，菩萨和末世众生，能够证得各种虚幻假相都灭绝时，即刻便能得到无限量的清净，无边虚空，这都是圆明觉性的显现。由于觉性圆明，所以心本来是清净的。由于心是清净的，所以看到的外境是清净的。由于所看到的外境是清净的，所以眼根是清净的。由于眼根清净，所以眼识是清净的。由于眼识是清净的，所以听到的声尘是清净的。由于所听到的声尘是清净的，所以耳根是清净的。由于耳根是清净的，所以耳识是清净的。由于耳识清净，所以人的思维觉察也是清净的。由此类推，以至鼻、舌、身、意的根、尘也都清净。

"善男子，根清净故，色尘清净。色清净故，声尘清净。香、味、触、法亦复如是。

译文：

"善男子，由于根清净，色尘也就清净。色尘清净，声尘也就清净。香尘、味尘、触尘、法尘也都清净。

"善男子，六尘清净故，地大清净。地清净故，水大清净。火大、风大亦复如是。

译文：

"善男子，由于六尘清净，地大也就清净。由于地大清净，水大也就清净。由此，火大、风大也都清净。

"善男子，四大清净故，十二处、十八界、二十五有清净①。彼清净故，十力、四无所畏、四无碍智、佛十八不共法、三十七助道品清净②。如是乃至八万四千陀罗尼门，一切清净。

注释：

①十二处："六根"加"六尘"，合称为"十二处"。处，是出生之义。十八界：合眼、耳、鼻、舌、身、意六根，色、声、香、味、触、法六尘，眼识、耳识、鼻识、舌识、身识、意识六识，名为"十八界"。

②十力：如来所具有的十种智力，即：一、觉处非处智力，即能知一切事物的道理和非道理的智力；二、三世业报智力，即能知一切众生三世因果业报的智力；三、诸禅解脱三昧智力，即能知各种禅定及解脱三昧等的智力；四、诸根胜劣智力，即能知众生根性的胜劣与得果大小的智力；五、种种解智力，即能普知众生种种境界不同的智力；六、种种界智力，即能普知众生种种境界不同的智力；七、一切至所道智力，即能知一切众生行道因果的智力；八、天眼无碍智力，即能以天眼见众生生死及善恶业缘

而无障碍的智力；九、宿命无漏智力，即知众生宿命及知无漏涅槃的智力；十、永断习气智力，即于一切妄惑余气，永断不生，能如实知之的智力。四无所畏：也称"四无畏"。无畏，即教化他人的心没有惧怕。有佛四无畏与菩萨四无畏两种。四无碍智：又名"四无碍解"，或"四无碍辩"，即法无碍智、义无碍智、词无碍智、乐说无碍。法无碍智是通达诸法的名字，分别无滞；义无碍智是了知一切法之理；词无碍智是通晓各种言语，能随意演说；乐说无碍是辩说法义，为众生乐说自在。十八不共法：只限于佛所有的十八种功德法，因为只限于佛，不与三乘共有，所以称为"不共法"。具体包括：身无失、口无失、念无失、无异想、无不定心、无不知己舍、欲无减、精进无减、念无减、慧无减、解脱无减、解脱知见无减、一切身业随智慧行、一切口业随智慧行、一切意业随智慧行、智慧知过去世无碍、智慧知未来世无碍、智慧知现在世无碍。三十七助道品：即三十七菩提分法，包括：四念住、四正断、四神足、五根、五力、七觉支及八圣道支。三世：即过去世、现在世、未来世。

译文：

"善男子，由于四大都清净，十二处、十八界、二十五有也都清净。由于十二处、十八界、二十五有都清净，十力、四无所畏、四无碍智、佛十八不共法、三十七助道品也都清净。由此，乃至八万四千种法门也都一切清净。

"善男子，一切实相性清净故，一身清净。一身清

净故，多身清净。多身清净故，如是乃至十方众生圆
觉清净。

译文：

"善男子，一切事物实相真如的体性清净，所以自身清净。
由于自身是清净的，所以多身清净。由于多身是清净的，乃至十
方众生都是圆觉清净的。

"善男子，一世界清净故，多世界清净。多世界清
净故，如是乃至尽于虚空，圆裹三世，一切平等，清净
不动。

译文：

"善男子，由于一个世界清静，多个世界也就清净。由于多
个世界清静，如此，乃至充满无尽虚空，三世圆满，一切平等，清
净不动。

"善男子，虚空如是平等不动，当知觉性平等不动。
四大不动故，当知觉性平等不动。如是乃至八万四千
陀罗尼门平等不动，当知觉性平等不动。

译文：

"善男子，由于虚空平等不动，应当知道觉悟的自性平等不

动。由于四大不动，应当知道觉性平等不动。如此，乃至八万四千陀罗尼门平等不动，应当知道觉性平等不动。

"善男子，觉性遍满，清净不动，圆无际故，当知六根遍满法界。根遍满故，当知六尘遍满法界。尘遍满故，当知四大遍满法界。如是乃至陀罗尼门遍满法界。

译文：

"善男子，由于觉性周遍圆满、清净不动、没有边际，应当知道六根遍满法界。由于六根遍满法界，应当知道六尘遍满法界。六尘遍满法界，应当知道四大遍满法界。由此乃至总持法门遍满法界。

"善男子，由彼妙觉性遍满故，根性尘性无坏无杂。根尘无坏故，如是乃至陀罗尼门无坏无杂。如百千灯光照一室，其光遍满无坏无杂。

译文：

"善男子，由于微妙的觉性遍满法界，六根、六尘的本性没有坏灭杂乱。由于六根、六尘的本性没有坏灭杂乱，如此乃至总持法门没有坏灭杂乱。犹如百千灯光照耀一室，灯光遍满房间，相互间没有坏灭杂乱。

"善男子，觉成就故，当知菩萨不与法缚，不求法

脱；不厌生死，不爱涅槃；不敬持戒，不憎毁禁；不重
久习，不轻初学。何以故？一切觉故。譬如眼光，晓了
前境，其光圆满，得无憎爱。何以故？光体无二，无憎
爱故。

译文：

"善男子，成就圆觉妙心，应当知道菩萨不被任何的法束
缚，不求从法中解脱；不厌恶生死，不贪爱涅槃；不崇敬持戒的
人，不憎恶毁戒的人；不特别尊重久学的人，不轻视初学的人。
为什么呢？因为一切众生都有圆觉妙心。比如眼光，直接知晓
眼前事物，眼光圆满映照没有憎爱。为什么呢？因为光体没有
两样，没有憎恨和贪爱。

"善男子，此菩萨及末世众生，修习此心得成就者，
于此无修亦无成就。圆觉普照，寂灭无二。于中百千
万亿阿僧祇不可说恒河沙诸佛世界①，犹如空华，乱起
乱灭，不即不离，无缚无脱，始知众生本来成佛，生死
涅槃犹如昨梦。

注释：

①阿僧祇（qí）：印度数目之一。又作"阿僧伽"、"阿僧企
耶"、"阿僧"、"僧祇"等，意谓无量数或无穷极之数。此词多用
于计量劫数，而计量劫数时，有小阿僧祇劫与大阿僧祇劫两种。
恒河沙：印度恒河中的细沙，以此形容数目极多。

译文：

"善男子，这些菩萨及末世众生修习圆觉妙心得到成就者，于圆觉妙心中不见有可修之行，也没有可成就之果。圆觉妙心普照一切，其体性又寂灭无二。于圆觉心中，无数的诸佛世界，犹如空花，乱起乱灭，与圆觉心不即不离，没有束缚，没有解脱，由此得知，众生本来是佛，生死、涅槃就像昨日的梦一样。

"善男子，如昨梦故，当知生死及与涅槃，无起无灭，无来无去。其所证者，无得无失，无取无舍。其能证者，无作无止，无任无灭。于此证中，无能无所，毕竟无证，亦无证者。一切法性平等不坏。

译文：

"善男子，既然如昨日的梦一样，应当得知生死以及涅槃没有生起没有灭谢，没有来去。所证悟的道果，既无所得也无所失，既无获得也无舍弃。那些能够证悟的人，没有造作什么也没有止息什么，没有随顺什么也没有灭除什么。在这种修证中，没有能证之人也没有所证之法，终究没有什么修证，也没有进行修证的人。这是因为一切的法性都是平等、永远不坏灭的。

"善男子，彼诸菩萨如是修行，如是渐次，如是思惟，如是住持，如是方便，如是开悟，求如是法，亦不迷闷。"

译文：

"善男子，那些菩萨们应该这样修行，像这样循序渐进，像这样思维，像这样住持，像这样运用方便手段，像这样开悟，追求这样的法门，才不会感到迷惑。"

尔时，世尊欲重宣此义而说偈言：
> 普眼汝当知，一切诸众生，身心皆如幻。
> 身相属四大，心性归六尘。
> 四大体各离，谁为和合者？
> 如是渐修行，一切悉清净。
> 不动遍法界，无作止任灭，亦无能证者。
> 一切佛世界，犹如虚空华，
> 三世悉平等，毕竟无来去。
> 初发心菩萨，及末世众生，
> 欲求入佛道，应如是修习。

译文：

当时，世尊为了重新阐述这个真义，于是又说偈语：
> 普眼汝当知，一切诸众生，身心皆如幻。
> 身相属四大，心性归六尘。
> 四大体各离，谁为和合者？
> 如是渐修行，一切悉清净。
> 不动遍法界，无作止任灭，亦无能证者。

一切佛世界，犹如虚空华，
三世悉平等，毕竟无来去。
初发心菩萨，及末世众生，
欲求入佛道，应如是修习。

四　金刚藏菩萨

本章节为金刚藏菩萨所请教的问题，以及佛陀的回答。通过辨明无明与觉性的关系，揭示圆觉本性平等不坏，表明如要修习圆觉，就应当断除虚妄分别心，脱离轮回。

于是金刚藏菩萨在大众中，即从座起，顶礼佛足，右绕三匝，长跪叉手而白佛言："大悲世尊，善为一切诸菩萨众，宣扬如来圆觉清净大陀罗尼，因地法行，渐次方便，与诸众生开发蒙昧。在会法众，承佛慈诲，幻翳朗然，慧目清净。世尊，若诸众生本来成佛，何故复有一切无明？若诸无明，众生本有，何因缘故如来复说本来成佛？十方异生本成佛道①，后起无明，一切如来何时复生一切烦恼？惟愿不舍无遮大慈②，为诸菩萨开秘密藏③，及为末世一切众生，得闻如是修多罗教了义法门④，永断疑悔。"

作是语已，五体投地，如是三请，终而复始。

注释：

①异生："凡夫"的别名。因凡夫在六道中轮回，受种种别异的果报而生。佛道：佛所证悟的道法，即无上菩提，无上觉悟。

②无遮：没有遮止限制。

③秘密藏：秘密的法藏。

④修多罗：译为"契经"。契是上契诸佛妙理，下契众生根机。了义：说理非常透彻究竟的意思。

译文：

于是金刚藏菩萨在大众中离座而起，用最尊贵的礼仪，以顶礼礼敬佛足，然后起立右转，绕佛三圈，又长跪在佛前双手合掌，对佛禀告道："大悲世尊，善于为一切菩萨宣扬如来圆觉清净最上乘的修行法门，由因地开始依法修行，渐次方便，开发众生的智慧，令其不再蒙昧。在此法会的出家众承蒙佛慈悲教诲，如同病眼的翳障已除，慧眼清净。世尊，如果众生本来成佛，为什么又有一切无明？如果众生本来就有诸种无明，佛又为什么说众生本来成佛？假如十方凡夫本来就能成就佛道，后来才生起无明，那么一切佛又是何时生起的烦恼呢？希望您能不舍弃平等宽容的大慈大悲，为诸菩萨开示秘密法藏，令末世一切众生得闻此经中的究竟法门，永远断除疑虑和懊悔。"

金刚藏菩萨说完后，再次五体投地向佛祖致礼，循环往复，这样连续请求三次。

尔时，世尊告金刚藏菩萨言："善哉！善哉！善男子，汝等乃能为诸菩萨及末世众生，问于如来甚深秘密究竟方便，是诸菩萨最上教诲，了义大乘①，能使十方修学菩萨及诸末世一切众生，得决定信，永断疑悔。

汝今谛听，当为汝说。"

时，金刚藏菩萨奉教欢喜，及诸大众默然而听。

注释：

①大乘：乘，以运载为义，以名教法，即大教。以救世利他为宗旨，最高的果位是佛果。

译文：

那时，世尊对金刚藏菩萨说："善哉！善哉！善男子，你能为诸位菩萨以及末世众生，问如来深奥隐密的究竟方便法门，此是开示菩萨的最上教诲、最了义的大乘教法，能使十方修学菩萨及所有的末世众生得到决定的信心，永远断除疑虑与懊悔。现在你就仔细地听，我为你解说。"

当时，金刚藏菩萨以能接受佛的教导而心生欢喜，和其他参加法会的大众安静地听佛说法。

"善男子，一切世界，始终生灭，前后有无，聚散起止，念念相续，循环往复；种种取舍，皆是轮回。未出轮回而辨圆觉，彼圆觉性即同流转①。若免轮回，无有是处。譬如动目，能摇湛水；又如定眼，由回转火。云驶月运，舟行岸移，亦复如是。

注释：

①流转：在"六道"之中，流来转去，不停地生死轮转。

译文：

"善男子，世间万物的开始结束、生灭变化，前后有无存在，聚合散灭、开始消止，都是念念相续，循环往复的；种种欣取和厌舍，都是在轮回中。未能跳出轮回而想辨明圆觉境界，则其所辨的圆觉性如同虚妄情识一样仍在轮回中流转。如果想就此免除轮回，则没有这样的道理。比如转动眼目就以为是摇动了清水；又好比长时间瞪眼，就容易看成火是旋转的。云飘动而好比是月在运动，舟行驶而好比是岸在移动，都是一样的道理。

"善男子，诸旋未息，彼物先住尚不可得，何况轮转生死垢心曾未清净，观佛圆觉而不旋复。是故汝等，便生三惑。

译文：

"善男子，种种旋转没有停止，若想让所见事物先停住不动，尚且不可得，更何况轮转生死的污垢心都还没有清净，以此心观照佛的圆觉性，哪有不旋转的道理。因此你们就生起三种迷惑。

"善男子，譬如幻翳，妄见空华，幻翳若除，不可说言此翳已灭，何时更起一切诸翳。何以故？翳华二法①，非相待故②。亦如空华灭于空时，不可说言虚空何时更起空华。何以故？空本无华，非起灭故。生死涅槃同于起灭，妙觉圆照离于华翳。

注释：

①翳（yì）华：翳为看物不能明见的眼目，华为空中之花。

②相待：相对的意思。

译文：

"善男子，比如患眼翳的人，妄见空花，如果眼翳去除了，不可说眼病已经灭除，什么时候再生起种种眼病。为什么呢？因为眼翳和空花没有相互待缘的关系。也像空花消失于虚空中时，不可说虚空什么时候再生出空花。为什么呢？虚空中原本没有空花，也就没有空花生起与消灭。生死、涅槃如同空花的生起和消灭，妙觉圆照与虚幻空花相离相异。

"善男子，当知虚空非是暂有，亦非暂无，况复如来圆觉随顺，而为虚空平等本性。

译文：

"善男子，应当知道虚空不是暂时存在也不是暂时不存在，何况如来的圆觉妙心随顺万法而无碍，是虚空等一切法的平等本性。

"善男子，如销金矿，金非销有，既已成金，不重为矿。经无穷时，金性不坏，不应说言本非成就。如来圆觉，亦复如是。

译文：

"善男子，如同熔炼金矿，金不是经熔炼才有的，但既然已经炼成金，就不会再变为矿石。金经历无穷尽的时间，金的本性不变，不应该说它原本不存在。如来的圆觉心性也是同样道理。

"善男子，一切如来妙圆觉心，本无菩提及与涅槃，亦无成佛及不成佛，无妄轮回及非轮回。

译文：

"善男子，一切如来的圆觉妙心本来没有觉悟智慧和涅槃境界，也没有成佛不佛，没有虚妄的轮回和非轮回。

"善男子，但诸声闻所圆境界①，身心语言皆悉断灭，终不能至彼之亲证所现涅槃，何况能以有思惟心，测度如来圆觉境界。如取萤火，烧须弥山②，终不能著。以轮回心，生轮回见，入于如来大寂灭海，终不能至。是故我说：一切菩萨及末世众生，先断无始轮回根本。

注释：
①声闻：听闻佛说四谛法的音声而悟道的人。
②须弥山：又作"苏迷庐山"、"须弥庐山"、"须弥留山"、

"修迷楼山"等,译为"妙高山"、"好高山"、"善高山"、"妙光山"等,此山是由金、银、琉璃、水晶四宝所成,所以称"妙",其他山不能与它比高,所以称"高"。原为印度神话中之山名,后佛教延用之,把它视为一小世界中央之最高的山,以它为中心,周围有八山、八水环绕,而形成一个小世界。

译文:

"善男子,那些小乘徒众所修证的境界,将对身心、语言的执着都断除了,终究还不能到达他们向往的涅槃境界,更何况有思维分别心的人,又怎能测度如来的圆觉境界。这如同以萤火来燃烧须弥山,终究不能点着。同理,以生灭轮回的心识生起生灭轮回的知见,要想进入如来圆觉境界,也是终究不能达到的。因此我说:一切菩萨及末世众生当务之急应先断除无始轮回根本的虚妄心。

"善男子,有作思惟,从有心起,皆是六尘妄想缘气①,非实心体,已如空华。用此思惟,辨于佛境,犹如空华复结空果。展转妄想,无有是处。

注释:

①缘气:又称"缘影",见分缘虑外尘而生成外尘影像。

译文:

"善男子,所有造作的思维,都是从妄心生起的,都是由根尘相对所成的经验习气，不是真实的圆觉心性，如同虚幻的空花。假如用这样的思维，推测佛的圆觉境界，就好像虚幻的空花结出空果。这种变幻妄想，没有一点好处。

"善男子，虚妄浮心，多诸巧见，不能成就圆觉方便。如是分别，非为正问。"

译文：

"善男子，虚幻的妄心多生邪见，不能成为成就圆满妙觉的方便法门。由这种虚妄分别思维提出的问题，不是正确的问题。"

尔时，世尊欲重宣此义而说偈言：

　　金刚藏当知，如来寂灭性，未曾有始终。
　　若以轮回心，思惟即旋复。
　　但至轮回际，不能入佛海。
　　譬如销金矿，金非销故有。
　　虽复本来金，终以销成就。
　　一成真金体，不复重为矿。
　　生死与涅槃，凡夫及诸佛。
　　同为空华相，思惟犹幻化，何况诸虚妄。
　　若能了此心，然后求圆觉。

译文:

当时,世尊为了重新阐述这个真义,于是说偈语:

金刚藏当知,如来寂灭性,未曾有始终。

若以轮回心,思惟即旋复。

但至轮回际,不能入佛海。

譬如销金矿,金非销故有。

虽复本来金,终以销成就。

一成真金体,不复重为矿。

生死与涅槃,凡夫及诸佛。

同为空华相,思惟犹幻化,何况诸虚妄。

若能了此心,然后求圆觉。

五　弥勒菩萨

本章节为弥勒菩萨所请教的问题，以及佛陀的回答。重在辨明爱欲为轮回的根本，因贪欲而显五性差别。众生如能明了佛法真理，断除理障；明了因缘和合之法，不生执着贪欲，断除事障，就能证入圆觉境界。

于是弥勒菩萨在大众中，即从座起，顶礼佛足，右绕三匝，长跪叉手而白佛言："大悲世尊，广为菩萨开秘密藏，令诸大众深悟轮回，分别邪正，能施末世一切众生无畏道眼[①]，于大涅槃生决定信，无复重随轮转境界，起循环见。世尊，若诸菩萨及末世众生，欲游如来大寂灭海[②]，云何当断轮回根本？于诸轮回有几种性？修佛菩提几等差别？回入尘劳，当设几种教化方便度诸众生？惟愿不舍救世大悲，令诸修行一切菩萨及末世众生，慧目肃清，照耀心镜，圆悟如来无上知见。"

作是语已，五体投地，如是三请，终而复始。

注释:

①道眼：能见正道的眼。

②大寂灭海：即指圆觉。大，广遍。寂灭，没有形迹。海，

指不可测度之意。

译文:

于是弥勒菩萨在大众中离座而起,用最尊贵的礼仪,以顶礼礼敬佛足,然后起立右转,绕佛三圈,又长跪在佛前双手合掌,对佛禀告道:"大悲世尊,广为菩萨开示秘密法藏,令所有大众深刻领悟轮回,分别邪正,能施予末世一切众生无所怖畏的道眼,对大涅槃生起坚决的信心,不再随轮转境界生起轮转的循环见。世尊,如果诸位菩萨以及末世众生,想进入如来圆觉境界,要如何断除轮回根本?轮回有几种?修佛觉悟有几等差别?觉悟后重回世间,应当设施几种教导方法以方便度脱众生?只希望您不舍弃救世的大慈大悲,令学佛的人、一切菩萨及末世众生慧眼清净,认识到心似明镜,圆满地觉悟佛最无上的知见。"

弥勒菩萨说完后,再次五体投地向佛祖致礼,循环往复,这样连续请求三次。

尔时,世尊告弥勒菩萨言:"善哉!善哉!善男子,汝等乃能为诸菩萨及末世众生,请问如来深奥秘密微妙之义,令诸菩萨洁清慧目,及令一切末世众生永断轮回,心悟实相①,具无生忍②。汝今谛听,当为汝说。"

时,弥勒菩萨奉教欢喜,及诸大众默然而听。

注释:

①实相:又称"佛性"、"法性"、"真如"、"法身"、"真谛"

等,所有相都是虚妄,惟有它不变不坏,故称"实相"。

②无生忍:"无生法忍"的简称。无生法是指不生不灭的真如实相理体。真智安住在此理上,不再退堕,叫做"无生法忍"。

译文:

那时,世尊对弥勒菩萨说:"善哉!善哉!善男子,你能为诸位菩萨以及末世众生,请问如来深奥微妙的教义,使菩萨慧目更加清净,使所有的末世众生永远断除轮回之苦,心悟真如实相,具有了知诸法无生灭的智慧。现在你就仔细地听,我为你解说。"

当时,弥勒菩萨以能接受佛的教导而心生欢喜,和其他参加法会的大众安静地听佛说法。

"善男子,一切众生从无始际,由有种种恩爱贪欲,故有轮回。若诸世界一切种性①,卵生、胎生、湿生、化生皆因淫欲而正性命②。当知轮回,爱为根本。由有诸欲,助发爱性,是故能令生死相续。欲因爱生,命因欲有,众生爱命,还依欲本。爱欲为因,爱命为果。

注释:

①种性:各种的根性。

②湿生:依靠湿气而受形的生命,如虫类。化生:无所依托,只凭业力忽然而生的生命,如诸天和地狱及劫初的人类。

译文：

"善男子，一切众生从久远的过去以来，因为有种种恩爱贪欲，所以有生死轮回。世界的一切种性的众生，不论卵生、胎生、湿生、化生都是因为淫欲而有性命。应当知道生死轮回是以贪爱为其根本。由于有诸种欲求，更助长生发贪爱之性，由此就能令生死相续。贪欲因爱念而生，生命因淫欲而有，众生贪爱生命，还是以欲求为根本。贪爱欲求为因，贪爱生命为果。

"由于欲境，起诸违顺①。境背爱心而生憎嫉，造种种业，是故复生地狱饿鬼。知欲可厌，爱厌业道，舍恶乐善，复现天人。又知诸爱可厌恶故，弃爱乐舍，还滋爱本，便现有为增上善果②。皆轮回故，不成圣道。是故众生欲脱生死，免诸轮回，先断贪欲及除爱渴③。

注释：

①违顺：违境和顺境。

②增上：增强其向上之势。

③爱渴：凡夫爱着五欲（色、声、香、味、触），就像人渴时爱水一样。

译文：

"由于贪欲境界而生起违境和顺境。外境违背贪爱之心就会生起憎恶嫉妒，进而造作种种恶业，所以就会投生到地狱、恶鬼道。知道贪欲应当厌恶，厌恶淫欲与贪爱的业道，于是就舍弃恶业、乐于行善，便会投生在天上、人间。进而当众生知道贪爱是可厌恶时，弃舍爱乐境界，但仍滋爱自身，于得到有为的增上善果。因未能逃离生死轮回，所以不能成就圣道。因此众生如要逃脱生死，免于轮回，应当先断除贪欲和爱渴。

"善男子，菩萨变化示现世间，非爱为本，但以慈悲令彼舍爱，假诸贪欲而入生死。若诸末世一切众生，能舍诸欲及除憎爱，永断轮回，勤求如来圆觉境界，于清净心便得开悟。

译文：

"善男子，菩萨变化示现在世间，并不是以贪爱为根本，只是以慈悲心令众生舍离贪爱，假借贪欲的行为因果而进入生死轮回。如果末世一切众生能够舍除各种贪欲和憎爱，永远断除轮回，勤求佛的圆觉境界，在清净心中就得开悟。

"善男子，一切众生由本贪欲，发挥无明，显出五性差别不等①，依二种障而现深浅。云何二障？一者理障②，碍正知见；二者事障③，续诸生死。

注释：

①五性：即将一切众生的根机，分为五类。具体是：声闻、缘觉、菩萨、不定性、无种性。

②理障：即邪见能碍正知见。

③事障：即贪、嗔、痴等，能使生死相续，障大涅槃。

译文：

"善男子，一切众生都是由于贪欲而产生无明，显出五性的差别不等，并依两种障而显现深浅差别。什么是二障？一是理障，妨碍正知见；二是事障，使生死持续轮转。

"云何五性？善男子，若此二障未得断灭，名未成佛。若诸众生永舍贪欲，先除事障，未断理障，但能悟入声闻缘觉，未能显住菩萨境界。

译文：

"什么是五性？善男子，如果未能断灭这二障，只能名为未成佛。如果众生能永远舍离贪欲，先断除事障，但未能断除理障，只能悟入声闻、缘觉二乘，不能证入菩萨境界。

"善男子，若诸末世一切众生，欲泛如来大圆觉海，先当发愿①，勤断二障，二障已伏，即能悟入菩萨境界。若事理障已永断灭，即入如来微妙圆觉，满足菩提及大涅槃。

注释：

①发愿：立下誓愿。

译文:

"善男子,如果末世一切众生想进入如来圆觉境界,应当先发起誓愿,勤加断除二障,将二障调伏,就能悟入菩萨境界。如果事障、理障已永远断灭,就能进入如来微妙圆觉境界,得到觉悟智慧和涅槃境界。

"善男子,一切众生皆证圆觉,逢善知识①,依彼所作因地法行,尔时修习,便有顿渐②。若遇如来无上菩提正修行路,根无大小,皆成佛果。若诸众生虽求善友,遇邪见者未得正悟,是则名为外道种性③。邪师过谬,非众生咎。是名众生五性差别。

注释:

①善知识:能教导众生远离恶法和修行善法的人。

②顿渐:顿教和渐教。顿教是立刻速成的教法;渐教是逐渐成功的教法。

③外道:在佛教以外立道,或道外之道,称为"外道",也即真理以外的邪教。

译文:

"善男子,一切众生都能证入圆觉境界,如遇到善知识,依据其所修的法门而修行,便会有顿、渐之分。如果能遇到如来教以无上觉悟智慧的修行方法,不分根器大小,都能成就佛果。如果众生虽然努力寻求善友,但却遇见持邪见的人而未能得到正确的觉悟，这就叫作外道种性。这是邪师的过错谬误，不是众生的过失。以上就是众生五性差别。

"善男子，菩萨唯以大悲方便①，入诸世间，开发未悟，乃至示现种种形相，逆顺境界，与其同事，化令成佛，皆依无始清净愿力②。若诸末世一切众生，于大圆觉起增上心，当发菩萨清净大愿。应作是言：愿我今者住佛圆觉，求善知识，莫值外道及与二乘③。依愿修行，渐断诸障，障尽愿满，便登解脱清净法殿，证大圆觉妙庄严域。"

注释：

①大悲：伟大的悲心。

②愿力：誓愿的力量。

③二乘：声闻乘和缘觉乘。凡属修四谛法门而悟道的人，总称为"声闻乘"；凡属修十二因缘而悟道的人，总称为"缘觉乘"。

译文：

"善男子，菩萨只是以大慈大悲的方便法门，示现在世间，开示未悟的众生，乃至于示现种种形相，逆顺境界，与众生做相同的事，感化并使他们成佛，这都是本于菩萨所发的清净愿力。如果末世一切众生对于圆觉境界生起增长上进的心念，应当发菩萨一样的清净大愿。应立下这样的誓言：愿我从今以后常住佛的圆觉修行法门，寻求善知识，不要遇到外道以及声闻、缘觉二乘。依此愿力修行，逐渐断除种种障碍，障碍全部断除，誓愿圆满完成,便能获得清净解脱,证得圆觉的庄严境界。"

　　尔时,世尊欲重宣此义而说偈言:
　　　　弥勒汝当知,一切诸众生,
　　　　不得大解脱,皆由贪欲故,堕落于生死。
　　　　若能断憎爱,及与贪嗔痴。
　　　　不因差别性,皆得成佛道。
　　　　二障永销灭,求师得正悟。
　　　　随顺菩萨愿,依止大涅槃。
　　　　十方诸菩萨,皆以大悲愿,示现入生死。
　　　　现在修行者,及末世众生,
　　　　勤断诸爱见,便归大圆觉。

译文:

当时,世尊为了重新阐述这个真义,于是说偈语:
　　　　弥勒汝当知,一切诸众生,
　　　　不得大解脱,皆由贪欲故,堕落于生死。
　　　　若能断憎爱,及与贪嗔痴。
　　　　不因差别性,皆得成佛道。
　　　　二障永销灭,求师得正悟。
　　　　随顺菩萨愿,依止大涅槃。
　　　　十方诸菩萨,皆以大悲愿,示现入生死。
　　　　现在修行者,及末世众生,
　　　　勤断诸爱见,便归大圆觉。

六　清净慧菩萨

本章节为清净慧菩萨所请教的问题，以及佛陀的回答。说明圆觉自性平等无差，因人修证觉悟的境界不同，所以存在不同的觉性差别。

于是清净慧菩萨在大众中，即从座起，顶礼佛足，右绕三匝，长跪叉手而白佛言："大悲世尊，为我等辈广说如是不思议事，本所不见，本所不闻。我等今者蒙佛善诱，身心泰然，得大饶益。愿为诸来一切法众，重宣法王圆满觉性，一切众生及诸菩萨如来世尊所证所得，云何差别？令末世众生闻此圣教，随顺开悟，渐次能入。"

作是语已，五体投地，如是三请，终而复始。

译文：

于是清净慧菩萨在大众中离座而起，用最尊贵的礼仪，以顶礼礼敬佛足，然后起立右转，绕佛三圈，又长跪在佛前双手合掌，对佛禀告道："大悲世尊，为我们广泛论说不可思议事，本来一向是不得见、不得闻的。我等今天承蒙佛谆谆诱导，身心泰然，得受大益。愿您为来参加法会的一切法众，重新宣说佛的圆满觉性，一切众生及菩萨如来世尊所证所得，有什么差别？

使末世众生听闻此圣教而随顺开悟,循序渐次进入清净圆觉境界。"

清净慧菩萨说完后,再次五体投地向佛祖致礼,循环往复,这样连续请求三次。

尔时,世尊告清净慧菩萨言:"善哉!善哉!善男子,汝等乃能为末世众生,请问如来渐次差别。汝今谛听,当为汝说。"

时,清净慧菩萨奉教欢喜,及诸大众默然而听。

译文:

那时,世尊对清净慧菩萨说:"善哉!善哉!善男子,你能为末世众生,问如来渐修次第以及所证所得的差别。现在你就仔细地听,我为你解说。"

当时,清净慧菩萨以能接受佛的教导而心生欢喜,和其他参加法会的大众安静地听佛说法。

"善男子,圆觉自性,非性性有,循诸性起,无取无证。于实相中,实无菩萨及诸众生。何以故?菩萨众生皆是幻化,幻化灭故,无取证者。譬如眼根,不自见眼,性自平等,无平等者。众生迷倒,未能除灭一切幻化,于灭未灭妄功用中,便显差别。若得如来寂灭随顺,实无寂灭及寂灭者。

译文：

"善男子，圆满觉悟的自性，不是前面所说的五种性，因随缘而起，所以说是'性有'；又随缘而起不是实有，所以无处取、无所证。在真如实相中，实则没有菩萨和众生可言。这是为什么呢？菩萨和众生都是幻化的，因为幻化的都将消亡，也就没有可用以取证的。比如眼睛不能看到自己本身，自性本来平等，不是强制使他们平等的。迷惑颠倒的众生不能除灭一切幻化，对于一切幻化或除灭，或未能除灭，除灭的功力不等，则便显有差别。如果随顺寂灭圆觉，平等无待，也就没有寂灭以及证悟寂灭的人。

"善男子，一切众生从无始来，由妄想我及爱我者，曾不自知念念生灭，故起憎爱^①，耽著五欲。若遇善友，教令开悟净圆觉性，发明起灭，即知此生性自劳虑。若复有人劳虑永断，得法界净，即彼净解为自障碍，故于圆觉而不自在。此名凡夫随顺觉性。

注释：

①憎爱：憎怨爱亲。

译文：

"善男子，一切众生从久远的过去以来，便妄想有实在的自我和爱我的人，而不知道因为有念念生灭，所以才生起憎爱，沉迷于五欲中。如果能够遇到好的教友，教导他开悟清净圆觉本性，明了诸法起灭，则会知道此生空自担负忧悲苦痛的劳虑。
如果有人永远断除劳虑，就能得知法界清净，如果执着于清净
见解又会成为自己的障碍，不能自在证入圆觉境界。这就称为
‘凡夫随顺觉性’。

"善男子，一切菩萨见解为碍，虽断解碍，犹住见
觉，觉碍为碍而不自在。此名菩萨未入地者随顺觉性。

译文：
"善男子，一切菩萨知道执着清净见解是一种障碍，虽然心
中断除了这种障碍，但仍执着于想断除这种障碍的名相，这种
‘觉碍’还是一种障碍，而不得自在。这就叫做‘菩萨未入地者
随顺觉性’。

"善男子，有照有觉，俱名障碍，是故菩萨常觉不
住，照与照者同时寂灭。譬如有人自断其首，首已断
故，无能断者。则以碍心自灭诸碍，碍已断灭，无灭碍
者。修多罗教，如标月指，若复见月，了知所标毕竟非
月。一切如来种种言说开示菩萨，亦复如是。此名菩
萨已入地者随顺觉性。

译文：
"善男子，如有观照和觉知都称为障碍，所以菩萨常洞察
万物而不执着于心，所照之碍与能照之觉同时寂灭。比如有人

砍断自己的头，头已经断了，也就没有砍断头的人了。以断灭障碍的心去断灭所有障碍，障碍已经断灭，那么也就没有断灭障碍的心了。佛的经教如同指示月亮的手指，如果看见了月亮，就知道指示月亮的手指毕竟不是月亮。一切如来用种种言说来开示菩萨也是同样的道理。这就叫做'菩萨已入地者随顺觉性'。

"善男子，一切障碍即究竟觉，得念失念无非解脱[1]，成法破法皆名涅槃，智慧愚痴通为般若[2]，菩萨外道所成就法同是菩提，无明真如无异境界，诸戒定慧及淫怒痴俱是梵行[3]，众生国土同一法性[4]，地狱天宫皆为净土，有性无性齐成佛道，一切烦恼毕竟解脱。法界海慧照了诸相[5]，犹如虚空，此名如来随顺觉性。

注释：

[1]解脱：脱离束缚而得自在的意思，即"涅槃"的别名。

[2]般若：译为"智慧"，但这个智慧，不是世间凡夫的聪明智慧，而是如来的圆常大觉。

[3]梵行：清净的行为，即断绝淫欲的行为。

[4]法性：诸法的本体、本性。

[5]法界海慧：观法界平等的大智慧，深广如海。

译文：

"善男子，一切障碍即是究竟觉，正念和妄念都是解脱，佛法精进和佛法退失都是涅槃,智慧和愚痴都是般若,菩萨和外道所成就法同是菩提觉悟,无明和真如并非不同的境界,戒、定、慧以及淫、怒、痴都是清净的行为,众生和一切有情的住处是同样的法性,地狱和天宫都是净土,有佛性的众生和无佛性的一阐提都能成就佛道,一切烦恼都是解脱。用法界平等智慧观照各种事相都如同虚空,这就叫做'如来随顺觉性'。

"善男子,但诸菩萨及末世众生,居一切时不起妄念,于诸妄心亦不息灭,住妄想境不加了知,于无了知不辨真实。彼诸众生闻是法门,信解受持不生惊畏[1],是则名为随顺觉性。

注释:

[1]信解:确信和了解。

译文:

"善男子,菩萨及末世众生在任何时候不要生起妄念,也不要刻意息灭妄心,听任耽住妄境不特意去计度分别,虽无计度分别之心,但也不辨别是否真实。那些众生听闻了这个法门,能够确信和了解并能领受修持,而不产生惊畏心理,这就叫做'随顺觉性'。

"善男子,汝等当知,如是众生已曾供养百千万亿恒河沙诸佛及大菩萨[1],植众德本,佛说是人名为成就一切种智②。”

注释:

①供养: 奉养的意思。对上含有亲近、奉事、尊敬的意思, 对下含有同情、怜惜、爱护的意思。

②一切种智: 佛通达诸法总相别相, 化道断惑的智。

译文:

"善男子, 你们应当知道, 以上所说的众生已曾供养了像百千万亿恒河沙那样多的佛及大菩萨, 积了很多功德, 佛说这样的人就叫做'成就一切种智'。"

尔时, 世尊欲重宣此义而说偈言:
  清净慧当知, 圆满菩提性,
  无取亦无证, 无菩萨众生。
  觉与未觉时, 渐次有差别,
  众生为解碍, 菩萨未离觉, 入地永寂灭。
  不住一切相, 大觉悉圆满, 名为遍随顺。
  末世诸众生, 心不生虚妄,
  佛说如是人, 现世即菩萨。
  供养恒沙佛, 功德已圆满,
  虽有多方便, 皆名随顺智。

译文：

当时，世尊为了重新阐述这个真义，于是说偈语：

　　清净慧当知，圆满菩提性，

　　无取亦无证，无菩萨众生。

　　觉与未觉时，渐次有差别，

　　众生为解碍，菩萨未离觉，入地永寂灭。

　　不住一切相，大觉悉圆满，名为遍随顺。

　　末世诸众生，心不生虚妄，

　　佛说如是人，现世即菩萨。

　　供养恒沙佛，功德已圆满，

　　虽有多方便，皆名随顺智。

七　威德自在菩萨

本章节为威德自在菩萨所请教的问题，以及佛陀的回答。主要说明证入圆觉的方便修行法门。随顺众生根性机宜的不同，修行法门有禅定等三种。

于是威德自在菩萨，在大众中即从座起，顶礼佛足，右绕三匝，长跪叉手而白佛言："大悲世尊，广为我等分别如是随顺觉性，令诸菩萨觉心光明。承佛圆音①，不因修习而得善利。世尊，譬如大城，外有四门，随方来者非止一路②，一切菩萨庄严佛国及成菩提，非一方便。唯愿世尊广为我等，宣说一切方便渐次，并修行人总有几种，令此会菩萨及末世众生求大乘者速得开悟，游戏如来大寂灭海。"

作是语已，五体投地，如是三请，终而复始。

注释：

①圆音：圆妙的声音，即佛的声音。

②随方：不拘何方，任何方面。

译文：

于是威德自在菩萨在大众中离座而起，用最尊贵的礼仪，以顶礼礼敬佛足，然后起立右转，绕佛三圈，又长跪在佛前双手合掌，对佛禀告道："大悲世尊，您广为我们分别开示各种随顺觉性，令菩萨们的本觉妙心发放光明。由于承接了佛的圆音说法，不必修习就能得到善妙利益。世尊，比如一座大城池，城外有四个城门，从任何方向到来的人要进城的话并不局限于从一个方向进入，一切菩萨及庄严佛国的众生要成就觉悟智慧，并不只有一个方便法门。希望世尊广为我们宣说一切方便法门和修行渐次，以及修行人共有几种，使参加这个法会的菩萨以及末世众生中追求大乘佛法的人迅速领悟圆觉，无所障碍地悟入清净觉悟境界。"

威德自在菩萨说完后，再次五体投地向佛祖致礼，循环往复，这样连续请求三次。

尔时，世尊告威德自在菩萨言："善哉！善哉！善男子，汝等乃能为诸菩萨及末世众生，问于如来如是方便。汝今谛听，当为汝说。"

时，威德自在菩萨奉教欢喜，及诸大众默然而听。

译文：

那时，世尊对威德自在菩萨说："善哉！善哉！善男子，你能为诸菩萨及末世众生，问如来修行的方便法门。现在你就仔细地听，我为你解说。"

当时，威德自在菩萨以能接受佛的教导而心生欢喜，和其他参加法会的大众安静地听佛说法。

"善男子，无上妙觉遍诸十方①，出生如来与一切法，同体平等。于诸修行实无有二，方便随顺，其数无量。圆摄所归，循性差别，当有三种。

注释：

①无上妙觉：指如来的觉悟。因其至高无上，所以称"无上"；因其不可思议，所以称"妙"。

译文：

"善男子，至高无上的圆满妙觉遍满十方，能生出佛及一切万法，而这些都具有同一个本体，相互平等。各种修行本质上没有区别，如果随顺众生根性机宜的不同，则修行方法多得无法计量。圆觉修法按众生根性的差别而归纳的话，应当有三种。

"善男子，若诸菩萨悟净圆觉，以净觉心，取静为行，由澄诸念，觉识烦动。静慧发生①，身心客尘从此永灭②，便能内发寂静轻安③。由寂静故，十方世界诸如来心，于中显现，如镜中像。此方便者，名奢摩他④。

注释：

①静慧：安静的智慧，即空慧。

②客尘：常用来形容烦恼，或称"客尘烦恼"。

③轻安：是一种在禅定中感到身心轻松安详的状态。

④奢摩他：译为"止"，即止息一切杂念的意思。

译文：

"善男子，如果菩萨们能够体悟清净圆觉，就取净觉心上的寂静为观行之本，从澄清一切妄念入手，便会觉知识心上有烦动。这样就能引得静慧发生，身心烦恼从此永远断灭，由此内心便能生发寂静，感觉轻松安详。由于自心寂静的缘故，十方世界的如来觉心都能在其中显现，就如同镜中的影像。这种方便法门，叫做'奢摩他'。

"善男子，若诸菩萨悟净圆觉，以净觉心，知觉心性及与根尘皆因幻化①，即起诸幻以除幻者，变化诸幻而开幻众。由起幻故，便能内发大悲轻安。一切菩萨从此起行②，渐次增进。彼观幻者，非同幻故，非同幻观，皆是幻故。幻相永离，是诸菩萨所圆妙行，如土长苗。此方便者，名三摩钵提③。

注释：

①根尘：六根和六尘。六根是眼、耳、鼻、舌、身、意；六尘是色、声、香、味、触、法。

②起行：往生之行。

③三摩钵提：等持。昏沉、掉举皆离是等，令心专注一境是持。其中"昏沉"意为神识昏钝。"掉举"意为一种令心高举而不得安宁的烦恼。

译文：

"善男子，如果菩萨们能够体悟清净圆觉，以清净觉心了知分别心以及六根、六尘都是因为幻化而有的，于是生起如幻的智慧以去除如幻的无明，或者变化出种种如幻的法门开导如幻众生。由于生起虚幻以及虚幻智慧的缘故，内心便会生发大慈悲，感觉轻松安详。一切菩萨从此修行往生，渐次增进。他们观照幻化的幻慧与各种幻化事物不同，与诸幻不同的幻观也是幻化。渐渐断离幻相，才是菩萨们所追求的圆满行法，如同土里逐渐长出苗芽。这种方便法门，叫做'三摩钵提'。

"善男子，若诸菩萨悟净圆觉，以净觉心，不取幻化及诸静相，了知身心皆为挂碍，无知觉明，不依诸碍，永得超过碍无碍境。受用世界及与身心，相在尘域，如器中锽①，声出于外。烦恼涅槃不相留碍，便能内发寂灭轻安。妙觉随顺寂灭境界，自他身心所不能及，众生寿命皆为浮想。此方便者，名为禅那②。

注释：

①锽：钟鼓声。

②禅那：译为"禅定"、"静虑"、"思惟修"等，即住心一境以静息念虑和思惟真理的意思。

译文：

"善男子，如果菩萨们能够体悟清净圆觉，以清净觉心为本，不执取幻化以及寂静相，了知身心都是障碍，没有妄想分别的光明觉性，不依随各种障碍，永远超越有障碍和没有障碍的境地。所受用的外部世界和自己身心虽都在外尘烦恼中，但却像器物中的钟鼓声，声音可以溢出于外。烦恼和涅槃都不能滞碍圆觉心，于是内心便能生发寂静，感觉轻松安详。圆觉妙心能与寂灭境界相契合，而非执泥于自身他身、自心他心者所能比及的，因为众生寿命都是虚幻浮想。这种方便法门，叫做'禅那'。

"善男子，此三法门，皆是圆觉亲近随顺，十方如来因此成佛。十方菩萨种种方便，一切同异，皆依如是三种事业，若得圆证，即成圆觉。

译文：

"善男子，这三个法门，随顺修习都能直证圆觉，十方如来都是因此而成佛。十方菩萨种种或同或异的方便法门都以这三个法门为本，如果能圆融修证，就能成就圆满觉行。

"善男子，假使有人修于圣道，教化成就百千万亿

阿罗汉辟支佛果①,不如有人闻此圆觉无碍法门,一刹
那顷随顺修习。"

注释:

①阿罗汉:声闻乘中的最高果位名,含有杀贼、无生、应供
等义。杀贼是杀尽烦恼之贼,无生是解脱生死不受后有,应供
是应受天上人间的供养。辟支佛:"辟支迦佛陀"的简称,译为
"缘觉",或"独觉"。

译文:

"善男子,如果有人修行二乘圣道,又能教化成就百千万亿
人证得阿罗汉、辟支佛果,不如有人听闻此圆觉无碍法门,一刹
那就能随顺修习,转为成佛正因。"

尔时,世尊欲重宣此义而说偈言:
　　威德汝当知,无上大觉心,
　　本际无二相,随顺诸方便,其数即无量。
　　如来总开示,便有三种类。
　　寂静奢摩他,如镜照诸像。
　　如幻三摩提,如苗渐增长。
　　禅那唯寂灭,如彼器中锽。
　　三种妙法门,皆是觉随顺。
　　十方诸如来,及诸大菩萨,因此得成道。

三事圆证故，名究竟涅槃。

译文：

当时，世尊为了重新阐述这个真义，于是说偈语：

威德汝当知，无上大觉心，

本际无二相，随顺诸方便，其数即无量。

如来总开示，便有三种类。

寂静奢摩他，如镜照诸像。

如幻三摩提，如苗渐增长。

禅那唯寂灭，如彼器中锽。

三种妙法门，皆是觉随顺。

十方诸如来，及诸大菩萨，因此得成道。

三事圆证故，名究竟涅槃。

八　辩音菩萨

　　本章节为辩音菩萨所请教的问题,以及佛陀的回答。主要
说明依于上文的三种法门,衍生出的具体修习方法,即三种法门
的变化离合、轮替修习。

　　于是辩音菩萨,在大众中,即从座起,顶礼佛足,右
绕三匝,长跪叉手,而白佛言:"大悲世尊,如是法门,
甚为希有。世尊,此诸方便,一切菩萨于圆觉门,有几
修习? 愿为大众及末世众生,方便开示,今悟实相。"
　　作是语已,五体投地,如是三请,终而复始。

译文:
　　于是辩音菩萨在大众中离座而起,用最尊贵的礼仪,以顶
礼礼敬佛足,然后起立右转,绕佛三圈,又长跪在佛前双手合
掌,对佛禀告道:"大悲世尊,这些法门非常稀有少见。世尊,依
据这些法门,一切菩萨要修成圆觉,有哪些修习方法? 愿您为
大众及末世众生方便开导,使我们能够了悟诸法的真实相状。"
　　辩音菩萨说完后,再次五体投地向佛祖致礼,循环往复,
这样连续请求三次。

　　尔时,世尊告辩音菩萨言:"善哉! 善哉! 善男子,

汝等乃能为诸大众及末世众生，问于如来如是修习。
汝今谛听，当为汝说。

时，辩音菩萨奉教欢喜，及诸大众默然而听。"

译文：

那时，世尊对辩音菩萨说："善哉！善哉！善男子，你能为诸
菩萨众及末世众生，问如来的这些修行的方便法门。现在你
就仔细地听，我为你解说。"

当时，辩音菩萨以能接受佛的教导而心生欢喜，和其他参
加法会的大众安静地听佛说法。

"善男子，一切如来圆觉清净，本无修习及修习者。
一切菩萨及末世众生，依于未觉幻力修习，尔时便有
二十五种清净定轮①。

注释：

①清净定轮：文中的三种法门通称为"定"，变化离合，轮替
修习，故称"定轮"。又，轮是摧碾义，定是决定义，二十五种皆
决定可摧断二障，以趋于菩提、涅槃的果地，故称"清净定轮"。

译文：

"善男子，一切如来的圆满觉性清净，根本没有修习方法和
修习的人。一切菩萨以及末世众生依从没有觉悟时虚幻的修
习功用，这样便有了二十五种轮替修习定心的修习类型。

"若诸菩萨唯取极静^①，由静力故，永断烦恼，究竟成就，不起于座，便入涅槃。此菩萨者，名单修奢摩他。

注释：

①极静：至极的静虑。

译文：

"如果菩萨们只取至极的静虑法门，因为静虑的功用能断除烦恼，即能获得最高成就，不起身离座就能证入涅槃境界。这种菩萨的修行类型，叫做单修'奢摩他'。

"若诸菩萨唯观如幻，以佛力故，变化世界，种种作用，备行菩萨清净妙行。于陀罗尼，不失寂念及诸静慧。此菩萨者，名单修三摩钵提。

译文：

"如果菩萨们只是观见诸法如幻，能依靠佛力自在变化世界，起种种作用，广修菩萨清净殊妙行法。于圆觉总持法门，也不失令念虑寂静的禅定功夫以及获得寂静智慧的修止功夫。这种菩萨的修行类型，叫做单修'三摩钵提'。

"若诸菩萨唯灭诸幻，不取作用，独断烦恼。烦恼断尽，便证实相。此菩萨者，名单修禅那。

译文:

"如果菩萨们只是灭除一切无明幻法,又不执取种种变化作用,能以寂灭之性而自断烦恼。等到烦恼断尽,证入圆觉真心,就能了知真如实相。这种菩萨的修行类型,叫做单修'禅那'。

"若诸菩萨先取至静,以静慧心照诸幻者,便于是中起菩萨行[①]。此菩萨者,名先修奢摩他,后修三摩钵提。

注释:

①菩萨行:菩萨自利利他圆满佛果的大行,也就是布施等之"六度"。

译文:

"如果菩萨们先取至极的静虑法门,以静虑生出的智慧心观照种种虚幻相状,便从这里始起菩萨行。这种菩萨的修行类型,叫做先修'奢摩他',后修'三摩钵提'。

"若诸菩萨以静慧故,证至静性,便断烦恼,永出生死。此菩萨者,名先修奢摩他,后修禅那。

译文:

"如果菩萨们以定静中生起的智慧,证入圆觉心的静性,便

能断灭烦恼,逃出生死轮回。这种菩萨的修行类型,叫做先修
'奢摩他',后修'禅那'。

"若诸菩萨以寂静慧,复现幻力,种种变化度诸众
生,后断烦恼而入寂灭。此菩萨者,名先修奢摩他,中
修三摩钵提,后修禅那。

译文:

"如果菩萨们以寂静中生出的智慧又示现幻化的功用,借用
种种变化教化济度众生,最终断灭烦恼而进入寂灭涅槃境界。
这种菩萨的修行类型,叫做先修'奢摩他',中修'三摩钵提',
后修'禅那'。

"若诸菩萨以至静力,断烦恼已,后起菩萨清净妙
行,度诸众生。此菩萨者,名先修奢摩他,中修禅那,
后修三摩钵提。

译文:

"如果菩萨们用定静的功用断除烦恼后,再生起菩萨清净
殊妙行法,化度众生。这种菩萨的修行类型,叫做先修'奢摩
他',中修'禅那',后修'三摩钵提'。

"若诸菩萨以至静力,心断烦恼,复度众生,建立世
界。此菩萨者,名先修奢摩他,齐修三摩钵提、禅那。

译文：

"如果菩萨们用定静的功用，在决心断灭烦恼时，同时化度众生，并建立世界。这种菩萨的修行类型，叫做先修'奢摩他'，齐修'三摩钵提'、'禅那'。

"若诸菩萨以至静力，资发变化，后断烦恼。此菩萨者，名齐修奢摩他、三摩钵提，后修禅那。

译文：

"如果菩萨们用定静的功用，发起修观的变化作用，然后进入禅定断灭烦恼。这种菩萨的修行类型，叫做齐修'奢摩他'、'三摩钵提'，后修'禅那'。

"若诸菩萨以至静力，用资寂灭，后起作用，变化世界。此菩萨者，名齐修奢摩他、禅那，后修三摩钵提。

译文：

"如果菩萨们用定静的功用来断烦恼而取寂灭，后起种种作用，变化世界。这种菩萨的修行类型，叫做齐修'奢摩他'、'禅那'，后修'三摩钵提'。

"若诸菩萨以变化力，种种随顺而取至静。此菩萨者，名先修三摩钵提，后修奢摩他。

译文：

"如果菩萨们以修观所成就的变化力，随顺种种妙行而取修止念所得的至极静虑。这种菩萨的修行类型，叫做先修'三摩钵提'，后修'奢摩他'。

"若诸菩萨以变化力，种种境界而取寂灭。此菩萨者，名先修三摩钵提，后修禅那。

译文：

"如果菩萨们以修观所成就的变化力，起种种如幻境界，进而自断烦恼，取禅定的寂灭境界。这种菩萨的修行类型，叫做先修'三摩钵提'，后修'禅那'。

"若诸菩萨以变化力，而作佛事，安住寂静，而断烦恼。此菩萨者，名先修三摩钵提，中修奢摩他，后修禅那。

译文：

"如果菩萨们以修观所成就的变化力，而做佛事教化众生，安住寂静，断除烦恼。这种菩萨的修行类型，叫做先修'三摩钵提'，中修'奢摩他'，后修'禅那'。

"若诸菩萨以变化力，无碍作用，断烦恼故，安住至静。此菩萨者，名先修三摩钵提，中修禅那，后修奢摩他。

译文：

"如果菩萨们以修观所成就的变化力，起圆融无碍的作用，后又断除烦恼，再修止念而安住寂静。这种菩萨的修行类型，叫做先修'三摩钵提'，中修'禅那'，后修'奢摩他'。

"若诸菩萨以变化力，方便作用，至静寂灭二俱随顺。此菩萨者，名先修三摩钵提，齐修奢摩他、禅那。

译文：

"如果菩萨们以修观所成就的变化力，用种种方便化度众生，又同时随顺修习止念的至静和禅定的寂灭。这种菩萨的修行类型，叫做先修'三摩钵提'，齐修'奢摩他'、'禅那'。

"若诸菩萨以变化力，种种起用，资于至静，后断烦恼。此菩萨者，名齐修三摩钵提、奢摩他，后修禅那。

译文：

"如果菩萨们以修观成就的变化力，所起种种作用，资助于修习止念法门的至静，最后断除烦恼。这种菩萨的修行类型，叫做齐修'三摩钵提'、'奢摩他'，后修'禅那'。

"若诸菩萨以变化力，资于寂灭，后住清净无作静虑。此菩萨者,名齐修三摩钵提、禅那,后修奢摩他。

译文:

"如果菩萨们以修观成就的变化力,资助于禅定寂灭,最后住于清净的无需造作修习的清净静虑境界。这种菩萨的修行类型,叫做齐修'三摩钵提'、'禅那',后修'奢摩他'。

"若诸菩萨以寂灭力,而起至静,住于清净。此菩萨者,名先修禅那,后修奢摩他。

译文:

"如果菩萨们以禅定的寂灭功用,而生起至极的静虑,住于清净境界。这种菩萨的修行类型,叫做先修'禅那',后修'奢摩他'。

"若诸菩萨以寂灭力,而起作用,于一切境寂用随顺。此菩萨者,名先修禅那,后修三摩钵提。

译文:

"如果菩萨们以禅定的寂灭功用,而起教化众生的作用,一切境界中都有寂灭的功用随顺。这种菩萨的修行类型,叫做先修'禅那',后修'三摩钵提'。

"若诸菩萨以寂灭力,种种自性,安于静虑,而起变化。此菩萨者,名先修禅那,中修奢摩他,后修三摩钵提。

译文:

"如果菩萨们以禅定的寂灭功用,随顺众生种种自性教化众,先止念安于静虑,而后起种种变化教化众生。这种菩萨的修行类型,叫做先修'禅那',中修'奢摩他',后修'三摩钵提'。

"若诸菩萨以寂灭力,无作自性,起于作用,清净境界归于静虑。此菩萨者,名先修禅那,中修三摩钵提,后修奢摩他。

译文:

"如果菩萨们以禅定的寂灭功用,证得不假造作的自性,起种种神通作用,后又依此清净境界而归于静虑境界。这种菩萨的修行类型,叫做先修'禅那',中修'三摩钵提',后修'奢摩他'。

"若诸菩萨以寂灭力,种种清净,而住静虑,起于变化。此菩萨者,名先修禅那,齐修奢摩他、三摩钵提。

译文:

"如果菩萨们以禅定的寂灭功用,得种种无碍清净,而住于静虑定静境界,同时生起种种变化来教化众生。这种菩萨的修行类型,叫做先修'禅那',齐修'奢摩他'、'三摩钵提'。

"若诸菩萨以寂灭力,资于至静,而起变化。此菩萨者,名齐修禅那、奢摩他,后修三摩钵提。

译文:

"如果菩萨们以禅定的寂灭功用,达到至静境界,而后起种种变化教化众生。这种菩萨的修行类型,叫做齐修'禅那'、'奢摩他',后修'三摩钵提'。

"若诸菩萨以寂灭力,资于变化,而起至静清明境慧。此菩萨者,名齐修禅那、三摩钵提,后修奢摩他。

译文:

"如果菩萨们以禅定的寂灭功用,生起种种变化来教化众生,而后进入至静境界,证得清净明朗智慧。这种菩萨的修行类型,叫做齐修'禅那'、'三摩钵提',后修'奢摩他'。

"若诸菩萨以圆觉慧,圆合一切①,于诸性相,无离觉性。此菩萨者,名为圆修三种自性清净随顺②。

注释:

①圆合:圆满融合诸法。
②三种自性:即遍计所执自性、依他起自性、圆成实自性。

译文：

"如果菩萨们以随顺圆觉的智慧圆满融合一切，一切性相不离圆觉性。这种菩萨的修行类型，叫做'圆修三种自性清净随顺'。

"善男子，是名菩萨二十五轮，一切菩萨修行如是。若诸菩萨及末世众生依此轮者，当持梵行，寂静思惟，求哀忏悔。经三七日，于二十五轮各安标记，至心求哀①，随手结取，依结开示，便知顿渐。一念疑悔，即不成就。"

注释：

①至心：诚挚之心，诚心。

译文：

"善男子，这就叫做'菩萨二十五轮'，所有菩萨都是这样修行。如果菩萨们以及末世众生依照这二十五种类型轮替修习，应当修持清净的行为，寂静心念，请求哀悯，忏悔自己的恶业。经二十一天后，对二十五种修行类型各作标记，诚心请求哀悯，随便抽取一个，依据所取的修行类型去修行，便知道自己应采用顿修还是渐修。如果心存一念怀疑和反悔，就不能有所成就。"

尔时，世尊欲重宣此义而说偈言：

辩音汝当知，一切诸菩萨，

无碍清净慧，皆依禅定生。

所谓奢摩他，三摩提禅那。

三法渐次修，有二十五种。

十方诸如来，三世修行者，

无不因此法，而得成菩提。

唯除顿觉人，并法不随顺。

一切诸菩萨，及末世众生，

常当持此轮，随顺勤修习，

依佛大悲力，不久证涅槃。

译文：

当时，世尊为了重新阐述这个真义，于是说偈语：

辩音汝当知，一切诸菩萨，

无碍清净慧，皆依禅定生。

所谓奢摩他，三摩提禅那。

三法渐次修，有二十五种。

十方诸如来，三世修行者，

无不因此法，而得成菩提。

唯除顿觉人，并法不随顺。

一切诸菩萨，及末世众生，

常当持此轮，随顺勤修习，

依佛大悲力，不久证涅槃。

九　净诸业障菩萨

本章节为净诸业障菩萨所请教的问题，以及佛陀的回答。重在宣示有碍修行的自心病障。圆觉本性原本清静，但由于众生妄执我、人、众生、寿命四相，并认为四相为实有，生起造作妄业，进而流转生死，不能证入圆觉境界。

于是净诸业障菩萨在大众中，即从座起，顶礼佛足，右绕三匝，长跪叉手而白佛言："大悲世尊，为我等辈演说如是不思议事，一切如来因地行相①，令诸大众得未曾有。睹见调御，历恒沙劫勤苦境界，一切功用，犹如一念，我等菩萨深自庆慰。世尊，若此觉心本性清净，因何染污，使诸众生迷闷不入？唯愿如来广为我等开悟法性，令此大众及末世众生，作将来眼。"

作是语已，五体投地，如是三请，终而复始。

注释：

①行相：行事的相状。

译文：

于是净诸业障菩萨在大众中离座而起，用最尊贵的礼仪，以顶礼礼敬佛足，然后起立右转，绕佛三圈，又长跪在佛前双手合掌，对佛禀告道："大悲世尊，您为我们演说如此不可思议的妙理，一切如来因地学佛的修行法门，使我们获得未曾有过的知识。好像看见佛历经长久时间的勤苦修行，令我们一念之间了知一切功用，我们这些菩萨深感庆幸欣慰。世尊，如果觉心本性清净，为什么会有被污染，致使众生迷闷不能证入？只希望您广为我们开示法性，使我们大家以及末世众生能作为将来修习佛法的眼目。"

净诸业障菩萨说完后，再次五体投地向佛祖致礼，循环往复，这样连续请求三次。

尔时，世尊告净诸业障菩萨言："善哉！善哉！善男子，汝等乃能为诸大众及末世众生，咨问如来如是方便。汝今谛听，当为汝说。"

时，净诸业障菩萨奉教欢喜，及诸大众默然而听。

译文：

那时，世尊对净诸业障菩萨说："善哉！善哉！善男子，你能为诸菩萨众以及末世众生，问如来的这些方便法门。现在你就仔细地听，我为你解说。"

当时，净诸业障菩萨以能接受佛的教导而心生欢喜，和其他参加法会的大众安静地听佛说法。

"善男子，一切众生从无始来，妄想执有我、人、众生及与寿命。认四颠倒为实我体[①]，由此便生憎爱

二境，于虚妄体重执虚妄。二妄相依，生妄业道。有
妄业故，妄见流转。厌流转者，妄见涅槃。由此不能
入清净觉，非觉违拒诸能入者。有诸能入，非觉入故。
是故动念及与息念，皆归迷闷。

注释：

①四颠倒：凡夫的四颠倒为，常颠倒（无常认为有常）、乐
颠倒（苦当作乐）、净颠倒（不净为净）、我颠倒（无我认为有
我）。另有二乘的四颠倒，即无常颠倒、无乐颠倒、无我颠倒、
无净颠倒。

译文：

"善男子，一切众生从无始以来，就虚妄地执着自我相、他
人相、众生相和寿命相。认为'四颠倒'是实在自我的本体，由
此便生出憎恨、贪爱，于虚妄的我执之上更加有虚妄的憎爱。
这两种虚妄相依，便产生了虚妄的业道。因为有虚妄的业道，
就会虚妄地认为有六道的生死流转。厌恶流转的人，就会虚妄
地认为有涅槃境界。因此不能证入清净本觉，这并不是觉性违
拒能证入的人。能证入的人也不是觉性使他证入的。所以起
心动念以及止息心念都归于迷闷。

"何以故？由有无始本起无明，为己主宰，一切众
生生无慧目①，身心等性皆是无明。譬如有人不自断
命。是故当知，有爱我者，我与随顺；非随顺者，便生

憎怨。为憎爱心养无明故，相续求道，皆不成就。

注释：

①慧目：智慧的眼目。

译文：

"为什么呢？因为有不知何时产生的无明做了自己的主宰。一切众生没有生来就有慧目，身心自性也都是无明的。比如人不会自己了断自己的生命。由此得知，有爱我的人，我就随顺他们；不随顺我的，便生起憎恶怨恨。因为憎爱心能滋养无明，如果憎爱与无明相续不断，虽然修行求道，也不能成就。

"善男子，云何我相①？谓诸众生心所证者。善男子，譬如有人，百骸调适②，忽忘我身，四肢弦缓③，摄养乖方④，微加针艾⑤，即知有我，是故证取方现我体。善男子，其心乃至证于如来，毕竟了知清净涅槃，皆是我相。

注释：

①我相：即在五蕴法中执着有一个实在的我。

②百骸：指人的各种骨骼或全身。

③弦缓：软弱麻木。

④乖方：失当。

⑤针艾：针刺艾灸。

译文：

"善男子，什么是我相？是指众生心所证知了别的善男子，比如有人全身协调，忘记了自身的存在，如果四肢麻木，调养失当，稍加针刺或艾灸，就会知道有我，所以，只有了知证取时才能感到我的身体。善男子，修道者的心证至诸佛境界，了知清净涅槃，其所证取，也都是我相。

"善男子，云何人相①？谓诸众生心悟证者。善男子，悟有我者，不复认我，所悟非我，悟亦如是。悟已超过一切证者，悉为人相。善男子，其心乃至圆悟涅槃，俱是我者；心存少悟，备殚证理，皆名人相。

注释：

①人相：因为执着有实在的我，站在我的立场，就称他人为人。

译文：

"善男子，什么是人相？是指众生心中悟到有能证知的心。善男子，悟到有我相存在，但不认为是我相的，或所悟到是我相之外的，都是执着于所悟。超过一切证者本身的能证之智都是人相。善男子，乃至心圆满悟到涅槃境界，然而有涅槃可证，这还是'我相'；如果还有些微能悟之心，殚尽其修行过程中所证之理，还是分别有'我'，这一类的'我'，都称为人相。

"善男子，云何众生相①？谓诸众生心自证悟所不及者。善男子，譬如有人作如是言，我是众生，则知彼人说众生者，非我非彼。云何非我？我是众生，则非是我。云何非彼？我是众生，非彼我故。善男子，但诸众生了证了悟，皆为我人，而我人相所不及者，存有所了，名"众生相"。

注释：

①众生相：与我对待的众生不止一个，所有人及非人的差别相，是为"众生相"。

译文：

"善男子，什么是众生相？是指我的自心无法证知的众生能知的自心。善男子，比如有人说这样的话，我是'众生'，则知道他所说的'众生'，既不是指自己也不是指别人。为什么不是指自己？我是'众生'，所以'众生'不是专指自己的我。为什么说不是别人？只说我是'众生'，所以'众生'不是他人的我。善男子，众生了知所证都是我相，了知所悟都是人相，在我相、人相之外，还认为有能了悟的心，都称为众生相。

"善男子，云何寿命相①？谓诸众生心照清净觉所了者。一切业智所不自见，犹如命根。

注释：

①寿命相：是指众心存有能觉证的"知"，潜藏心中，如同心识的命根，称为"寿命相"。

译文：

"善男子，什么是寿命相？是指众生心已得清静圆满，能觉察所了知的对象，这是执着了寿命相。在一切业智中不能照见自己的生灭，就像不知道是命根在维持生存。

"善男子，若心照见一切觉者，皆为尘垢。觉所觉者，不离尘故。如汤销冰，无别有冰知冰销者。存我觉我，亦复如是。

译文：

"善男子，心照见一切法而认为其有知觉，实则都是尘垢。能觉知的心和所觉知的法都不离妄心尘垢。就像用热水销溶冰，冰融化后，不会存有些微的冰以了知冰的销溶。存有些微我相以觉知其余我相的断除，就不是真的净心。存在的我与觉知的我之间也是同样的道理。

"善男子，末世众生不了四相，虽经多劫勤苦修道，但名有为，终不能成一切圣果，是故名为正法末世①。

注释:

①正法末世:正法的末世时期。佛法共分为三个时期,即正法时期、像法时期、末法时期。正法时期,正即证,佛虽灭度,法仪未改,称"正法时期";像法时期,像即似,这一时期有教、有行,但证果的人已经很少;末法时期,末即微,这一时期只有教而无行,更无证果之人。

译文:

"善男子,末世众生不能了知我、人、众生、寿命四相,虽经长时间勤苦修道,但还是有为造作,不能成就圣果,所以称为正法的末世时期。

"何以故?认一切我为涅槃故,有证有悟名成就故。譬如有人认贼为子,其家财宝终不成就。

译文:

"为什么呢?因为妄认一切我相能入涅槃,因为认为有证有觉悟可以去成就。比如有人,认贼为儿子,那么他家里的财宝就会被损败。

"何以故?有我爱者①,亦爱涅槃,伏我爱根为涅槃相。有憎我者,亦憎生死,不知爱者真生死故,别憎生死名不解脱。

注释：

①我爱：爱着自己所妄执的我。

译文：

"为什么呢？执爱自我的人，也以此心而爱涅槃，以为俘灭我爱就是涅槃。有憎我心，也就憎恶生死轮回，但不知爱才是生死轮回的根源，而只是憎恶生死，这就叫做不解脱。

"云何当知法不解脱？善男子，彼末世众生习菩提者，以己微证为自清净，犹未能尽我相根本。若复有人赞叹彼法，即生欢喜，便欲济度。若复诽谤彼所得者，便生嗔恨，则知我相坚固执持①，潜伏藏识②，游戏诸根，曾不间断。善男子，彼修道者不除我相，是故不能入清净觉。

注释：

①执持：坚持不变。
②藏识：含藏一切善恶种子的识，即阿赖耶识。

译文：

"怎么知道所证的法不解脱？善男子，那些修习菩提智慧的末世众生，以为自己微少的证悟就是清净，这实则还没有断尽我相的根本。如果有人赞叹他所修法门，就心生欢喜，便想救济化度别人。如果有人诽谤他所证得的境界，便会心生愤怒怨恨，由此则知他仍坚固地执持'我相'，并且这种'我相'潜伏在藏识中，与六根交相作用，未曾间断过。善男子，那些修道者不断除'我相'，所以不能证入清净的圆满觉悟。

"善男子，若知我空，无毁我者；有我说法，我未断故。众生寿命，亦复如是。

译文：

"善男子，修道者如果知道'无我'，我是空的，就不见有毁谤我的人。如果还存在我宣说佛法，则我相还没有断除。众生相、寿命相也可这样辨明。

"善男子，末世众生说病为法，是故名为可怜愍者。虽勤精进^①，增益诸病，是故不能入清净觉。

注释：
①精进：又叫做"勤"，即努力向善、向上。

译文：

"善男子，末世众生将错误的修行方法当作佛法，所以这些人是很可怜的。虽然勤奋修行，但也只能增长各种弊病，所以不能证入清净的圆满觉悟。

"善男子，末世众生不了四相，以如来解及所行处

为自修行①，终不成就。或有众生未得谓得，未证谓
证，见胜进者心生嫉妒。由彼众生未断我爱，是故不
能入清净觉。

注释：

①解：知解义理。

译文：

"善男子，末世众生不能了知四相，以如来的知解和修行为
自己的修行境界，终不能成就佛道。又有一种人未得清净涅槃
而自认为已得涅槃；未证圆觉菩提，而自认为已证圆觉菩提，见
到有胜于自己而更求进步的人，其心必生嫉妒。由于这些众生
未能断除我爱，所以不能证入清净的圆满觉悟。

"善男子，末世众生希望成道，无令求悟，唯益多
闻，增长我见。但当精勤降伏烦恼，起大勇猛，未得令
得，未断令断，贪嗔爱慢，谄曲嫉妒①，对境不生，彼我
恩爱一切寂灭。佛说是人渐次成就，求善知识，不堕
邪见。若于所求别生憎爱，则不能入清净觉海。"

注释：

①谄曲：曲意逢迎。

译文:

"善男子,末世众生希望成就圆满佛道,但不可使他们以为求悟只是以多增益见闻为能事。应当专心勤勉降伏烦恼,发起猛勇之心,未能证得的道果让他证得,未能断除的烦恼让其断除,贪心、嗔心、爱心、轻慢心、谄曲心、嫉妒心能够对境不生,对于自我和他人的恩爱都彻底灭除。佛说这样的人渐渐能够成就佛道,追求修行善法,不堕于不合正法的外道之见。如果对于所求的善法又生出憎爱的分别心,则就不能证入清净圆满的觉悟境界。"

尔时,世尊欲重宣此义而说偈言:

净业汝当知,一切诸众生,
皆由执我爱,无始妄流转,
未除四种相,不得成菩提。
爱憎生于心,谄曲存诸念,
是故多迷闷,不能入觉城。
若能归悟刹,先去贪嗔痴,
法爱不存心,渐次可成就。
我身本不有,憎爱何由生?
此人求善友,终不堕邪见。
所求别生心,究竟非成就。

译文：

当时，世尊为了重新阐述这个真义，于是说偈语：

> 净业汝当知，一切诸众生，
> 皆由执我爱，无始妄流转，
> 未除四种相，不得成菩提。
> 爱憎生于心，谄曲存诸念，
> 是故多迷闷，不能入觉城。
> 若能归悟刹，先去贪嗔痴，
> 法爱不存心，渐次可成就。
> 我身本不有，憎爱何由生？
> 此人求善友，终不堕邪见。
> 所求别生心，究竟非成就。

十　普觉菩萨

本章节为普觉菩萨所请教的问题，以及佛陀的回答。重在宣说寻求正知见的良师，远离邪师，去除作、任、止、灭四病，发心破除人我相。

于是普觉菩萨在大众中，即从座起，顶礼佛足，右绕三匝，长跪叉手，而白佛言：“大悲世尊，快说禅病①，令诸大众得未曾有，心意荡然，获大安隐②。世尊，末世众生去佛渐远，贤圣隐伏，邪法增炽③，使诸众生求何等人，依何等法，行何等行，除去何病，云何发心，令彼群盲不堕邪见。”

作是语已，五体投地，如是三请，终而复始。

注释：
①快：痛快，爽利，直截了当。禅病：指妨害禅定修行的一切妄念。妄念为禅定的病魔。
②安隐：即安稳。身安心稳。
③增：增长。炽：旺盛。

译文：
于是普觉菩萨在大众中离座而起，用最尊贵的礼仪，以顶礼礼敬佛足，然后起立右转，绕佛三圈，又长跪在佛前双手合掌，对佛禀告道："大悲世尊，痛快淋漓地说出了修习禅法的弊病，使大众得知未曾明白的道理，心意也随之坦荡，身安心稳。世尊，末世众生离佛的时代逐渐久远，圣贤隐藏不出，邪法增多炽盛，此时应当让众生去求什么人，遵依什么样的教法，修行什么样的行法，除却什么样的弊病，发起什么样的誓愿？能使这些没有慧目的众生不堕落于邪见。"

普觉菩萨说完后，再次五体投地向佛祖致礼，循环往复，这样连续请求三次。

尔时，世尊告普觉菩萨言："善哉！善哉！善男子，汝等乃能咨问如来如是修行，能施末世一切众生无畏道眼，令彼众生得成圣道。汝今谛听，当为汝说。"

时，普觉菩萨奉教欢喜，及诸大众默然而听。

译文：

那时，世尊对普觉菩萨说："善哉！善哉！善男子，你能询问如来的这些修行法门，能将无畏道眼施予众生，使这些众生得以成就圣道。现在你就仔细地听，我为你解说。"

当时，普觉菩萨以能接受佛的教导而心生欢喜，和其他参加法会的大众安静地听佛说法。

"善男子，末世众生将发大心①，求善知识欲修行者，当求一切正知见人，心不住相，不著声闻缘觉境界。虽现尘劳，心恒清净。示有诸过，赞叹梵行，不令众生入不律仪②。求如是人，即得成就阿耨多罗三藐三菩提③。

注释：

①大心：大乘心，或大愿心。

②不律仪：恶戒，作恶止善。

③阿耨多罗三藐三菩提：略称"阿耨三菩提"、"阿耨菩提"等。"阿耨多罗"意译为"无上"，指所悟之道为至高无上，"三藐三菩提"意译为"正遍知"，表示所悟之道周遍而无所不包。因此"阿耨多罗三藐三菩提"可译为"无上正等正觉"，乃佛陀所觉悟之智慧，是真正平等觉知一切真理的无上智慧。

译文：

"善男子，末世众生想发大乘心，寻求教导众生修行善法的人，应当找有正确知识和见解的人，心不执着于名相，不执着于小乘境界。虽现被世俗事务所烦扰的尘劳相，但内心永远清净。有时虽示现有过错，但仍然赞叹清净的行为，不使众生作恶止善。求得这样的人就能成就无上正等正觉。

"末世众生见如是人，应当供养不惜身命。彼善知识四威仪中①，常现清净，乃至示现种种过患②，心无骄慢，况复抟财妻子眷属③。若善男子于彼善友不起恶念，即能究竟成就正觉，心华发明，照十方刹④。

注释:

①四威仪:是比丘、比丘尼所必须遵守的仪则,以保持严肃和庄重,具体包括行、住、坐、卧四个方面。

②过患:过失与灾患。

③抟:即抟食,又称"揣食"、"段食",即分段而食。

④十方刹:十方刹土,即十方国土的意思。

译文:

"末世众生见到这样的人,应当不惜生命去供养他。这些善知识在行、住、坐、卧时都显现清净,有时也示现种种过失,但不要对其心生傲慢,更何况仅贪恋食物、钱财、妻子、眷属。如果善男子对这些好的教友不起丝毫恶念,就能最终成就圆满正觉,心花散发光明,普照十方国土。

"善男子,彼善知识所证妙法,应离四病。云何四病?

译文:

"善男子,那些善知识所修证的圆觉法门,应当远离四种弊病。这四种弊病是什么?

"一者作病①。若复有人作如是言,我于本心作种种行,欲求圆觉。彼圆觉性非作得故,说名为病。

注释:

①作病: 即生心造作。

译文:

"一是作病。如果有人这样说,我于本心上生起种种造作行法,以此欲求圆满觉悟。但是圆满觉性不是由造作而得来的,所以说是弊病。

"二者任病①。若复有人作如是言,我等今者不断生死,不求涅槃,涅槃生死无起灭念,任彼一切随诸法性,欲求圆觉。彼圆觉性非任有故,说名为病。

注释:

①任病: 即随顺诸法自性,任其自然。

译文:

"二是任病。如果有人这样说,我们现在不必断除生死轮回,不必去求涅槃境界,生死涅槃的概念在我的心念中不会生起也没有消灭,任由一切事物随顺本性,以此欲求圆满觉悟。但是圆满觉性不是由任其自然而得来的,所以说是弊病。

"三者止病①。若复有人作如是言,我今自心永息诸念,得一切性寂然平等,欲求圆觉。彼圆觉性非止合故,说名为病。

注释:

①止病：即认为止住妄念就能求真。

译文:

"三是止病。如果有人这样说，我现在于自心上止息所有妄念，即得一切法性寂然平等，以此欲求圆满觉悟。但是圆满觉性不是由止息妄念而得来的，所以说是弊病。

"四者灭病①。若复有人作如是言，我今永断一切烦恼，身心毕竟空无所有，何况根尘虚妄境界。一切永寂，欲求圆觉。彼圆觉性非寂相故，说名为病。

注释:

①灭病：即耽住于诸法的寂灭相。

译文:

"四是灭病。如果有人这样说，我现在永远断除一切烦恼，身心彻底地空无所有，更何况那些六根六尘等虚妄境界。一切都永远寂灭，以此欲求圆满觉悟。但是圆觉性不是寂灭相，所以说是弊病。

"离四病者，则知清净。作是观者，名为正观，若他观者，名为邪观。

译文：

"只有远离四种弊病，才能知道所修的法门是为清净法门。这样观察所修证法才是正当的观法，其他观法都是不正当的观法。

"善男子，末世众生欲修行者，应当尽命供养善友，事善知识。彼善知识欲来亲近，应断骄慢，若复远离，应断嗔恨。现逆顺境，犹如虚空。了知身心毕竟平等，与诸众生同体无异。如是修行，方入圆觉。

译文：

"善男子，末世众生要修行的人，应当竭尽全力供养善友，服侍善知识。那些善知识要来亲近你，你应当断除骄慢。如果他们又远离你了，你还应当断除气愤怨恨。逆顺境地都如同虚空。了知身心都毕竟平等，与众生的本体一样。这样修行才能证得圆满觉悟。

"善男子，末世众生不得成道，由有无始自他憎爱一切种子，故未解脱。若复有人观彼怨家，如己父母，心无有二，即除诸病。于诸法中自他憎爱，亦复如是。

译文：

"善男子，末世众生之所以不能成就佛道，是由于无始以来心中都潜藏着对自己和他人憎爱的种子，所以未能解脱。如果有人将自己的冤家视同自己的父母一样，心中没有不一样的态度，那么他就可以除去心中的种种病患。对于万物中事物的自他、憎爱，也是以这样的方法认识。

"善男子，末世众生欲求圆觉，应当发心作如是言，尽于虚空一切众生，我皆令入究竟圆觉，于圆觉中无取觉者，除彼我人一切诸相。如是发心，不堕邪见。"

译文：

"善男子，末世众生要求得圆满觉悟，应该发愿并这样说，在无边虚空中的一切众生，我都让他们证入究竟的圆满觉悟境界，但在圆觉中并没有可取的觉法，已经完全断除我相、人相以及一切相。这样发愿，就不会堕于错误恶劣的知见。"

尔时，世尊欲重宣此义而说偈言：
　　普觉汝当知，末世诸众生，
　　欲求善知识，应当求正见。
　　心远二乘者，法中除四病，谓作止任灭。
　　亲近无骄慢，远离无嗔恨。
　　见种种境界，心当生希有，还如佛出世。
　　不犯非律仪，戒根永清净。
　　度一切众生，究竟入圆觉，
　　无彼我人相，当依正智慧，

便得超邪见，证觉般涅槃。

译文：

当时，世尊为了重新阐述这个真义，于是说偈语：

普觉汝当知，末世诸众生，

欲求善知识，应当求正见。

心远二乘者，法中除四病，谓作止任灭。

亲近无骄慢，远离无嗔恨。

见种种境界，心当生希有，还如佛出世。

不犯非律仪，戒根永清净。

度一切众生，究竟入圆觉，

无彼我人相，当依正智慧，

便得超邪见，证觉般涅槃。

十一　圆觉菩萨

本章节为圆觉菩萨所请教的问题,以及佛陀的回答。开示修行的入手方便法门,详细说明了安居方法,以及禅定等三种修行观法的方便法门和所证境界。

于是圆觉菩萨在大众中,即从座起,顶礼佛足,右绕三匝,长跪叉手而白佛言:"大悲世尊,为我等辈广说净觉种种方便,令末世众生有大增益。世尊,我等今者已得开悟,若佛灭后,末世众生未得悟者,云何安居修此圆觉清净境界①?此圆觉中三种净观②,以何为首?惟愿大悲,为诸大众及末世众生施大饶益③。"

作是语已,五体投地,如是三请,终而复始。

注释:

①安居:又称"坐夏",即在夏季的三个月中,僧徒们不得随便外出,以致力于坐禅和修习佛法。

②净观:清净的观法。此处指奢摩他(止)、三摩钵提(等持,即定)、禅那(禅定)。

③饶益:丰足利人,给人丰饶的利益。

译文：

于是圆觉菩萨在大众中离座而起，以顶礼礼敬佛足，然后起立右转，绕佛三圈，又长跪在佛前双手合掌，对佛禀告道："大悲世尊，为我们宣说清净觉悟的种种方便法门，使末世众生获得极大利益。世尊，我们现在已经得以开悟，如果佛入灭后，末世众生未能得以开悟的人，应该如何建设道场，安置净居来修习这个圆满觉悟的清净境界？修证圆觉境界的三种清净观法，应该以哪个法门为首？只希望大慈大悲的世尊，为参加法会的大众以及末世众生布施丰饶的利益。"

圆觉菩萨说完后，再次五体投地向佛祖致礼，循环往复，这样连续请求三次。

尔时，世尊告圆觉菩萨言："善哉！善哉！善男子，汝等乃能问于如来如是方便，以大饶益施诸众生。汝今谛听，当为汝说。"

时，圆觉菩萨奉教欢喜，及诸大众默然而听。

译文：

那时，世尊对普觉菩萨说："善哉！善哉！善男子，你能向如来询问这些方便法门，以便将丰饶的利益布施给众生。现在你就仔细地听，我为你解说。"

当时，圆觉菩萨以能接受佛的教导而心生欢喜，和其他参加法会的大众安静地听佛说法。

"善男子，一切众生，若佛住世，若佛灭后，若法末时，有诸众生具大乘性，信佛秘密大圆觉心。欲修行者，若在伽蓝①，安处徒众，有缘事故随分思察②，如我已说。若复无有他事因缘，即建道场，当立期限。若立长期百二十日，中期百日，下期八十日，安置净居。

注释：

①伽蓝："僧伽蓝摩"的简称，译为"众园"，即僧众所居住的园庭，亦即寺院的通称。

②缘事：因果报应的事相。随分：随力量的大小。

译文：

"善男子，一切众生，无论佛陀在世，还是灭度，或者佛法的末法时期，都有一类众生具有大乘根性，深信佛的秘密大圆满觉心。而这些想要修行的人，如果在寺院里，有安置信徒等杂事影响修行，因为这样的因果关系，所以应当随自己能力大小思维体察各种法门，如同我已经讲过的。如果没有其他杂事因缘，就应建修行的道场，设定修行期限，长期一百二十天，中期一百天，短期八十天，安心地居住在清净居所。

"若佛现在，当正思惟。若佛灭后，施设形像，心存目想，生正忆念，还同如来常住之日。悬诸幡华①，经三七日，稽首十方诸佛名字，求哀忏悔。遇善境界，得心轻安，过三七日，一向摄念。

注释：

①幡华：幡和鲜花。幡，即旌旗的总称。

译文：

"佛现今在世，就应当正念思维。如果佛灭度后，就应当设置佛的形像，对佛心存目想，明记不忘，如同佛在世常住时一样。悬挂幡和鲜花，经过二十一天的礼佛忏悔，求佛哀悯我的忏悔心。遇到好的境界，身心轻松安详，经过二十一天之后，一直保持正念。

"若经夏首，三月安居，当为清净菩萨止住，心离声闻，不假徒众。至安居日，即于佛前作如是言：我比丘、比丘尼、优婆塞、优婆夷——某甲，踞菩萨乘，修寂灭行，同入清净实相住持，以大圆觉为我伽蓝，身心安居平等性智①，涅槃自性无系属故。今我敬请，不依声闻，当与十方如来及大菩萨三月安居，为修菩萨无上妙觉大因缘故，不系徒众。善男子，此名菩萨示现安居。过三期日，随往无碍。

注释：

①平等性智：证自他平等之理而得的智慧。

译文：

"到了初夏，安居三个月，应当按照清净的菩萨教法而安居，心离声闻小乘法，不依靠徒众。到了开始安居那天，即在佛前说这样的话：我是比丘、比丘尼、优婆塞、优婆夷某某，遵依菩萨乘，修习寂灭法行，同入清净佛性真如境界，大圆觉性是我修行证果的处所，身心安居于平等圆满的觉性智慧，这是因为圆满的清净自性没有任何牵系。现在我恭敬地请求，不依据声闻乘教法，与十方如来以及大菩萨同作三月安居的行法，为了修证菩萨无上圆妙觉性的原因，不牵系徒众。善男子，这叫做菩萨示现安居。过了三期中自立的期限后，就可以随意到任何地方，没有障碍了。

"善男子，若彼末世修行众生，求菩萨道入三期者^①，非彼所闻一切境界，终不可取。

注释：

①菩萨道：菩萨所修的道法，即自利利他的道法。

译文：

"善男子，如果末世修行的众生，求菩萨道而按照三期法修行的人，如果不是依据佛教导的修行方法而得到的境界，都不可取。

"善男子，若诸众生修奢摩他，先取至静，不起思

念，静极便觉，如是初静，从于一身至一世界，觉亦
如是。

译文：

"善男子，如果众生修习奢摩他，要先取至静，心中不生起
念想，静到极处便产生觉悟智慧，这样的极静能从一身而扩展
到一个世界，觉悟智慧也是同样的道理。

"善男子，若觉遍满一世界者，一世界中有一众生
起一念者，皆悉能知，百千世界亦复如是。非彼所闻
一切境界，终不可取。

译文：

"善男子，如果觉悟智慧遍满一个世界，那么一个世界中
有一个人生起一个念头，就都能觉知，百千个世界也是同样的
道理。如果不是依据佛教导的修行方法而得到的境界，都不
可取。

"善男子，若诸众生修三摩钵提，先当忆想十方如
来，十方世界一切菩萨，依种种门，渐次修行勤苦三
昧①，广发大愿，自熏成种。非彼所闻一切境界，终不
可取。

注释：

①三昧：译为"定"，是定心于一处的意思。修行的人六根接触外面的六尘境界时，若能做到不起心、不动念、不分别、不执着，就叫做"定"。

译文：

"善男子，如果众生修习三摩钵提，应当专心念想十方如来和十方世界一切菩萨，依据种种法门，逐渐次序勤苦修定，广发大的誓愿，自己熏习自心成为根性种子。如果不是依据佛教导的修行方法而得到的境界，都不可取。

"善男子，若诸众生修于禅那，先取数门①，心中了知生、住、灭、念，分剂头数。如是周遍四威仪中，分别念数，无不了知，渐次增进，乃至得知百千世界一滴之雨，犹如目睹所受用物。非彼所闻一切境界，终不可取。

注释：

①数门："数息门"的简称。即数息观，数出入之息，停止心想散乱的观法。

译文：

"善知识，如果众生修习禅那，先从数息入手，心中就会了知生、住、灭，以及其始末长短，多少头数。在行、住、坐、卧的四威仪中，对于自己心念的分别状态和心念的次数，无不明白知晓。如此这样逐渐进步，乃至于能够知道百千世界中的一滴雨，好像亲眼目睹自己所用的东西。如果不是依据佛教导的修行方法而得到的境界，都不可取。

"是名三观初首方便。若诸众生遍修三种，勤行精进，即名如来出现于世。若后末世钝根众生，心欲求道，不得成就，由昔业障，当勤忏悔。常起希望，先断憎爱嫉妒谄曲，求胜上心。三种净观随学一事，此观不得，复习彼观，心不放舍，渐次求证。"

译文：

"以上这些就是三种清净观法初入手的方便法门。如果众生能全面修习三种清净观法，勤奋践行努力上进，就好像是佛出现一样。如果后世的愚钝众生，心想求道，但不能取得成就，这是由于以前所做的恶业障碍，应当经常忏悔。要常常生起希望，先断除憎、爱、嫉妒、谄曲的心念，求胜进增上的心。随便修习三种清净观法中的一种，这个观法不能成功，就再修习其他观法，心不放弃，逐渐求证。"

尔时，世尊欲重宣此义而说偈言：
圆觉汝当知，一切诸众生，
欲求无上道，先当结三期，忏悔无始业。
经于三七日，然后正思惟。

非彼所闻境，毕竟不可取。

奢摩他至静，三摩正忆持。

禅那明数门，是名三净观。

若能勤修习，是名佛出世。

钝根未成者，常当勤心忏，无始一切罪。

诸障若消灭，佛境便现前。

译文：

当时，世尊为了重新阐述这个真义，于是说偈语：

圆觉汝当知，一切诸众生，

欲求无上道，先当结三期，忏悔无始业。

经于三七日，然后正思惟。

非彼所闻境，毕竟不可取。

奢摩他至静，三摩正忆持。

禅那明数门，是名三净观。

若能勤修习，是名佛出世。

钝根未成者，常当勤心忏，无始一切罪。

诸障若消灭，佛境便现前。

十二　贤善首菩萨

　　本章节前半部分为贤善首菩萨所请教的问题，以及佛陀的回答，是本经总结部分，宣说经名，信闻此经的功德利益。后半部分为本经的流通分，叙述金刚、天王、鬼王等誓愿护佑持经人。

　　于是贤善首菩萨在大众中，即从座起，顶礼佛足，右绕三匝，长跪叉手而白佛言："大悲世尊，广为我等及末世众生，开悟如是不思议事。世尊，此大乘教，名字何等？云何奉持？众生修习得何功德？云何使我护持经人？流布此教至于何地。"

　　作是语已，五体投地，如是三请，终而复始。

译文：

　　于是贤善首菩萨在大众中离座而起，以顶礼礼敬佛足，然后起立右转，绕佛三圈，又长跪在佛前双手合掌，对佛禀告道："大悲世尊，广为我们以及末世众生开示这些不可思议的修行方法。世尊，这种大乘教法，应该叫什么名字？应该怎样修持奉行？众生修习后可以得到什么功德？我们怎样保护奉持这部经的人？流通这部经典到什么地方？"

　　贤善首菩萨说完后，再次五体投地向佛祖致礼，循环往复，这样连续请求三次。

　　尔时，世尊告贤善首菩萨言："善哉！善哉！善男子，汝等乃能为诸菩萨及末世众生，问于如来如是经教功德名字。汝今谛听，当为汝说。"

　　时，贤善首菩萨奉教欢喜，及诸大众默然而听。

译文：

　　那时，世尊对贤善首菩萨说："善哉！善哉！善男子，你能为菩萨们和末世众生，向如来询问这部经典教法的功德和名字。现在你就仔细地听，我为你解说。"

　　当时，贤善首菩萨以能接受佛的教导而心生欢喜，和其他参加法会的大众安静地听佛说法。

　　"善男子，是经百千万亿恒河沙诸佛所说，三世如来之所守护，十方菩萨之所皈依，十二部经清净眼目。

译文：

　　"善男子，这部经经像百千万亿恒河沙那么多的佛所讲说，过去、现在、未来这三世的佛都护持它，十方菩萨都归投依靠它，这部经还是所有类别佛经的关键内容。

　　"是经名《大方广圆觉陀罗尼》，亦名《修多罗了义》，亦名《秘密王三昧》①，亦名《如来决定境界》，亦

113

名《如来藏自性差别》，汝当奉持。

注释：

①秘密王：《圆觉经》所说的行法十分秘密深奥，而又统摄万行，故称"秘密王"。

译文：

"这部经称为《大方广圆觉陀罗尼》，也称为《修多罗了义》，也称为《秘密王三昧》，也称为《如来决定境界》，也称为《如来藏自性差别》，你们应当奉行修持。

"善男子，是经唯显如来境界，唯佛如来能尽宣说。若诸菩萨及末世众生依此修行，渐次增进，至于佛地。

译文：

"善男子，这部经彰显佛所证的境界，只有佛才能详尽解说。如果菩萨们和末世众生依据这部经修行，逐渐进步，就能达到成佛的地位。

"善男子，是经名为顿教大乘，顿机众生从此开悟①，亦摄渐修一切群品。譬如大海，不让小流，乃至蚊虻及阿修罗②，饮其水者，皆得充满。

注释:

①顿机:顿大(顿教、大乘教)的根机,即听闻顿教就能顿悟佛道的根机。

②阿修罗:"六道"之一。因其有天的福而没有天的德,似天而非天,译为"非天";因其容貌很丑陋,又译作"无端"。

译文:

"善男子,这部经被称为顿教大乘,具有大乘顿教根机的众生可以通过学习这部经而开悟,也统摄一切品类的渐修法门。比如大海不排斥溪流的水。蚊虻以及阿修罗喝了它的水后,都能充满欢喜。

"善男子,假使有人纯以七宝积满三千大千世界以用布施,不如有人闻此经名及一句义。善男子,假使有人教百恒河沙众生得阿罗汉果,不如有人宣说此经分别半偈。

译文:

"善男子,假如有人只是用积满三千大千世界的七种珍宝去布施,还不如有人听闻这部经的名字或理解其中一句经文义理。善男子,假如有人能教导像百恒河沙那么多的众生证得阿罗汉果,也不如有人宣讲这部经,解说半偈文句。

"善男子,若复有人闻此经名,信心不惑,当知是人非于一佛二佛种诸福慧，如是乃至尽恒河沙一切佛所种诸善根，闻此经教。汝善男子，当护末世修行者，无令恶魔及诸外道恼其身心，令生退屈。"

译文：

"善男子，如果有人听到这部经的名字，生起不疑惑的信心，应当知道此人得到的不是一两个佛种下福田智慧，而是有如恒河沙般多的一切佛所种下的诸种善根的福田智慧，才能够听闻这部经的教法。你们这些善男子应当守护末世中这种修行的人，不要使恶魔和外道扰乱他们的身心，使他们生起退缩屈服之心。"

尔时，会中有火首金刚、摧碎金刚、尼蓝婆金刚等八万金刚①，并其眷属，即从座起，顶礼佛足，右绕三匝而白佛言："世尊，若后末世一切众生，有能持此决定大乘，我当守护，如护眼目。乃至道场所修行处，我等金刚自领徒众，晨夕守护，令不退转。其家乃至永无灾障，疫病消灭，财宝丰足，常不乏少。"

尔时，大梵王②，二十八天王③，并须弥山王，护国天王等④，即从座起，顶礼佛足，右绕三匝而白佛言："世尊，我亦守护是持经者，常令安隐⑤，心不退转。"

尔时，有大力鬼王，名吉槃荼，与十万鬼王，即从座起，顶礼佛足，右绕三匝而白佛言："世尊，我亦守护是持经人，朝夕侍卫，令不退屈。其人所居一由旬内⑥，若有鬼神侵其境界，我当使其碎如微尘。"

佛说此经已，一切菩萨天龙鬼神八部眷属⑦，及诸天王梵王等，一切大众，闻佛所说，皆大欢喜，信受奉行。

注释：

①火首金刚：金刚以手执金刚杵而得名，意即力士，是佛或大菩萨所现武装护法的形相。火首金刚因头有火焰，故而得名。

②大梵王：又称"大梵天王"、"梵王"，是色界诸天的初禅天之王。

③二十八天王：欲界的六天、色界的十八天以及无色界的四天的天王。

④护国天王：又名"护世四天王"，即持国、增长、广目、多闻四天王，常护持四天下。

⑤安隐：即安稳。

⑥由旬：印度计里程的单位。指一日行军之里程，约四十里。

⑦八部：天众、龙众、夜叉（勇健鬼）、乾闼婆（香神）、阿修罗（非天）、迦楼罗（金翅鸟）、紧那罗（非人）、摩睺罗迦（大蟒神或大腹行地龙）。此八部众非人类的眼睛所能看到。又叫做"天龙八部"，或"龙神八部"。

译文：

当时，法会中有火首金刚、摧碎金刚、尼蓝婆金刚等八万金刚和他们的眷属离座而起，以顶礼礼敬佛足，起来后右转，绕佛三圈，对佛禀告道："世尊，如果末世一切众生中有能够坚定持守大乘信仰的人，我们一定像保护自己的眼睛一样守护他们。乃至他们的修行道场，我们这些金刚会各自带领徒众，从早到晚地守护着，使他们不退缩。他们的家永远没有灾难，疫病消灭，财宝丰足而不缺少。"

当时，大梵王、二十八天王和须弥山王、护国天王等离座而起，以头顶礼礼敬佛足，起来后右转，绕佛三圈，对佛禀告道："世尊，我们也守护那些奉持这部经的人，令他们常常身安心稳，信心不退减。"

当时，有大力鬼王，名吉槃茶，与十万鬼王离座而起，以顶礼礼敬佛足，起来后右转，绕佛三圈，对佛禀告道："世尊，我们也守护那些奉持这部经的人，朝夕侍卫，使他们不生起退缩屈服之心。他们住所方圆一由旬之内，如果有鬼神侵犯，我们就让他们碎得像细微的灰尘。"

佛演说完了这部经，一切菩萨、天龙、鬼神等八部众和他们的眷属，以及各位天王、梵王等一切大众，听到佛所说教法，都十分高兴，相信并接受如来所说的法，切实地奉承行持。

延伸阅读书目

（唐）宗密《大方广圆觉经大疏》，《卍新纂续藏经》第十四册。

（明）憨山《圆觉经直解》，《卍新纂续藏经》第十册。

《圆觉经佚文》，《卍新纂续藏经》第一册。

太虚《圆觉经略释》，《太虚大师全书》第七编，台湾善导寺佛经流通处印行，1980年。

文行《白话圆觉经》，三秦出版社，1998年。

李森、郭俊峰主编《佛经精华》，时代文艺出版社，2001年。

梁启超《佛学研究十八篇》，上海古籍出版社，2001年。

南怀瑾《南怀瑾选集》第九卷，复旦大学出版社，2003年。

广超法师《大方广圆觉修多罗了义经讲记》，复旦大学出版社，2009年。

《宋高僧传》，中华书局，1987年。